はじめに

2024年現在、わが国では少子高齢化が進み、中小企業の後継者不足や老老介護など様々な問題に直面しています。そして、その先には「老老相続」という、また新たな問題も待ち受けているのです。あなたがそうした問題に直面した時、もし相続税に関する知識を身につけていれば、それらの問題をスムーズに解決することができるはずです。税金の計算は煩雑で難しいという印象を受けますが、相続税に関して言えば、まずは相続人や相続分といった民法の基礎的な知識からスタートするため、最初から税金計算についての複雑な算式を覚えるということはありません。むしろ、一般教養としても身につけておきたい話ばかりですので、興味をもって相続税の学習を進めていくことができるでしょう。

さて、公益社団法人「全国経理教育協会」では、税理士資格の取得を志す学生や会計事務所などで実務に携わっている社会人などを対象に、税に関する知識の習得を目的とした税法能力検定試験を実施しています。

相続税の知識習得という社会的ニーズの高まりから、第104回（令和２年度）の税法能力検定試験より新たに相続税法も加わることとなりました。

そこで、ネットスクールでは第104回から実施される「相続税法能力検定試験」の３級および２級の範囲を網羅した公式テキストを刊行しました。

本書は、相続税の知識がない方はもちろん、近親の相続案件があるなど実務的に相続税の基本的な知識を必要とされる方、さらには税理士試験で相続税法を受験科目として選択しようとする方も対象として、分かりやすさと専門性のバランスを図りながら作成しています[※]。

※　例えば、側注を数多く設けて補足説明を加えたり、図解やイラストにより視覚的に理解や整理ができるよう工夫を凝らしました。

第３版の改訂では、令和６年度の税制改正を盛り込んだ内容としています。また、今後予定されている民法の改正項目についても側注で追記しています。

最後になりますが、相続税法能力検定試験の創設に当たり、全国経理教育協会様の検定試験新規プロジェクトチームをはじめ、試験創設準備委員の皆様方のご尽力に敬意を表するとともに、この検定試験が日本社会の明るい未来につながることを心より願っております。

ネットスクール教育事業本部
税理士講座税法グループ一同

CONTENTS

相続税法能力検定試験　公式テキスト3級／2級

本書の構成・特長

➤ 構成 ☞ Section ごとの出題区分表記

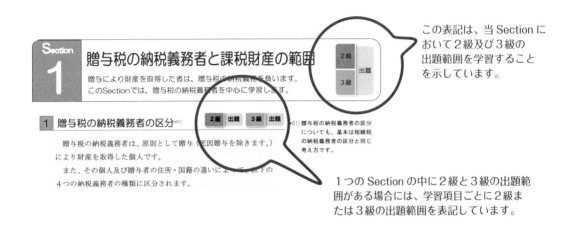

Section 1
贈与税の納税義務者と課税財産の範囲
贈与により財産を取得した者は、贈与税の納税義務を負います。
このSectionでは、贈与税の納税義務者を中心に学習します。

2級 出題 / 3級

> この表記は、当 Section において２級及び３級の出題範囲を学習することを示しています。

1 贈与税の納税義務者の区分※01） **2級 出題 3級 出題**

贈与税の納税義務者は、原則として贈与（死因贈与を除きます。）
により財産を取得した個人です。
また、その個人及び贈与者の住所・国籍の違いによって、次の
４つの納税義務者の種類に区分されます。

※01）贈与税の納税義務者の区分
についても、基本は相続税
の納税義務者の区分と同じ
考え方です。

> １つの Section の中に２級と３級の出題範囲がある場合には、学習項目ごとに２級または３級の出題範囲を表記しています。

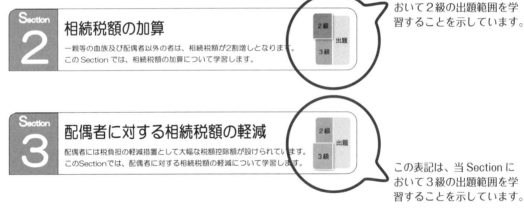

Section 2
相続税額の加算
一親等の血族及び配偶者以外の者は、相続税額が2割増しとなります。
この Section では、相続税額の加算について学習します。

2級 出題 / 3級

> この表記は、当 Section において２級の出題範囲を学習することを示しています。

Section 3
配偶者に対する相続税額の軽減
配偶者には税負担の軽減措置として大幅な税額控除額が設けられています。
このSectionでは、配偶者に対する相続税額の軽減について学習します。

2級 出題 / 3級

> この表記は、当 Section において３級の出題範囲を学習することを示しています。

➤ 特長1 ☞ 側注による補足説明

1 相 続　　　　　　　　　　　　　　　3級 出題

1．相続の意義

相続とは、個人が死亡した場合に、その死亡した者の財産上の権利義務[*01]をその死亡した者の配偶者や子など一定の親族関係にある者に承継させる制度のことをいいます。この場合、死亡した者のことを「被相続人」といい、財産上の権利義務を承継する者のことを「相続人」といいます。また、被相続人から相続人に承継される財産のことを「相続財産」といいます。

[*01] 権利とは積極財産（不動産、預貯金などプラスの財産）のことで、義務とは消極財産（借入金等などマイナスの財産）のことです。

➤ 特長2 ☞ 図解による視覚的な説明

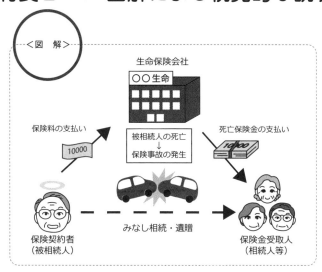

＜図　解＞

生命保険会社
〇〇生命

保険料の支払い
10000

被相続人の死亡
↓
保険事故の発生

死亡保険金の支払い

保険契約者
（被相続人）

みなし相続・遺贈

保険金受取人
（相続人等）

➤ 特長3 ☞ 設問による実践演習

設 問　　　　　　　　　　　　　　　　生命保険金等の非課税

次の資料により、各人の生命保険金等の非課税金額を計算しなさい。

1　被相続人甲の相続人等の状況は次のとおりである。

被相続人甲 ── 子A
　　│　　　── 子B（放棄）
配偶者乙 ── 子C

2　被相続人甲の死亡に伴い相続人等が取得した生命保険金等は次のとおりであり、保険料はすべて被相続人甲が負担していた。

(1)　配偶者乙　50,000千円

(2)　子　　A　40,000千円

(3)　子　　B　30,000千円

(4)　子　　C　10,000千円

『公式テキスト』を使って全経相続税法能力検定に合格しました！

合格者の声

　公式テキストを活用して、全経相続税法能力検定に実際に合格された方の声をご紹介します。

　今回ご紹介した方は税理士試験の相続税法合格に向けて学習される中で全経相続税法能力検定を活用された方々です。

　税理士試験合格に向けたステップアップについては、右ページでもご紹介していますので、そちらもぜひご覧下さい。

▲合格証書の見本▲

Ａ．Ｍ．さん　　　　　　　　　　　第 105 回全経相続税法 2 級合格

　ネットスクールの税理士講座の先生より検定試験の紹介があり、2 級が本試験基礎レベルとのことだったので、実力確認のために受験しました。テキストはどの内容もわかりやすい説明で理解しやすかったです。試験対策は、ホームページに掲載された模擬問題と前回の試験問題を何度も解きました。でも問題の量が多く、最初は 70 分かかりました。そこで、何度も解く練習をして 50 分で解き終わるスピードをつけました。また合格点を確実にとるため、残り 5 分でまだ第 3 問が終わっていなくても途中でやめ、第 1・2 問で確実に 40 点をとる練習をしました。そうすれば第 3 問で 7 割程度とれば 75 ～ 80 点とれると思ったからです。今後は 1 級合格で更に自信をつけ、税理士試験にも合格できるよう頑張ります。

Ｓ．Ｙ．さん　　　　　　　　　　　第 104 回全経相続税法 2 級合格

　現在受講中のネットスクール税理士 WEB 講座で全経の相続税法能力検定試験新設の紹介があり、本試験の緊張感を味わえる数少ない機会と思い、受験を決意しました。個別、総合と問題のボリュームは十分で、時間配分を意識して解くことの大切さを改めて感じました。また、見慣れた問題や解答用紙の形式との違いに対応するには問題をよく読むことが大切だと再認識し、その他今後の学習で強化すべき点も再確認できました。そして何より 2 級合格が、現在の試験勉強の励みとなっています。税理士試験合格を目標に、次は 1 級にも挑戦します。

Ｋ．Ｍ．さん　　　　　　　　　　第 104 回全経相続税法 2 級／3 級合格

　全経の相続税法能力検定試験 2 級、3 級に合格することができました。現在はネットスクール WEB 講座で税理士試験相続税法を受講しております。今回検定試験を受けてよかったことは、税理士試験同様、緊張感のある試験の雰囲気の中で問題を解く機会を得たことです。基礎的な問題においても本番で確実に正解することの難しさも実感できました。今後さらなる基礎力と正確性を高めるように学習を進めていき、1 級合格にもチャレンジしたいと思っております。

全経相続税法に合格した後に…

税理士試験（相続税法）に挑戦しよう！

税理士試験における相続税法

　税理士試験は会計科目2科目・税法科目9科目の全11科目からなり、このうち会計科目2科目と税法科目3科目（法人税法・所得税法のいずれかは必須）の合計5科目に合格する必要があります。
　相続税法も税理士試験の1科目に含まれており、必須科目ではありませんが、ここ数年における相続業務の増加から注目が高まっている税法科目の1つです。

税理士試験（相続税法）の出題形式

　税理士試験は、理論50点と計算50点の合計100点のうち合格基準点が60点とされています。
　計算の出題については、全経相続1級の試験範囲及び難易度と同等のレベルとなっています。
　あとは理論の出題対策を行うことで、税理士試験の合格も十分狙える状況といえます。

全経相続税法の試験と税理士試験（相続税法）の学習時間

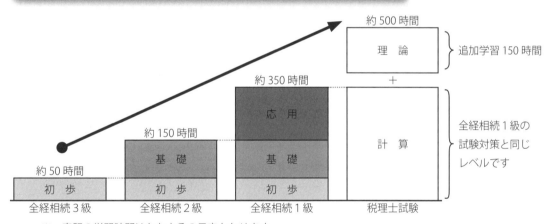

　　※　表記の学習時間はおおよその目安となります。

税理士試験（相続税法）合格までのおすすめスケジュール

　翌年8月の税理士試験に向けて9月から相続税法の学習を始める方にお勧めのスケジュールをご紹介します。

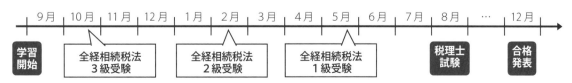

公益社団法人　全国経理教育協会　主催
文部科学省　後援

所得税法能力検定試験
法人税法能力検定試験
消費税法能力検定試験
相続税法能力検定試験
受験要項

試　験　日　年3回（5月、10月、2月）実施
　　　　　　（注）所得税法・法人税法・消費税法・相続税法とも各回，同一試験日に行います。
　　　　　　　　　ただし、5月試験は1級のみ実施となります。
　　　　　　　　　また、2月試験は1級のみ実施されません。

受験資格　男女の別，年齢，学歴，国籍等の制限なく誰でも受けられます。

受　験　料　1級　3,500円
（税込）　　2級　2,700円
　　　　　　　3級　2,300円
　　　　　　　（注）所得税法・法人税法・消費税法・相続税法　各級共通

試験会場　本協会加盟校　※試験場の多くは専門学校となります。

申込方法　協会ホームページの申込サイト（https://app.zenkei.or.jp/）にアクセスし，メールアドレスを登録してください。マイページにログインするためのIDとパスワードが発行されます。
　　　　　　マイページの検定実施一覧から検定試験の申し込みを行ってください。
　　　　　　申し込み後，コンビニ・ペイジー・ネットバンキング・クレジットカード・キャリア決済・プリペイドのいずれかの方法で受験料をお支払ください。受験票をマイページから印刷し試験当日に持参してください。試験実施日の2週間前から印刷が可能です。

試験時間　試験時間は試験規則第5条を適用します。開始時間は受験票に記載します。

適用法令　適用する法令等は毎年4月30日現在施行されているものに準拠します。
　　　　　　※5月施行の1級は，前年の11月30日現在施行されているものに準拠して出題します。

合格発表　試験日から1週間以内にインターネット上のマイページで閲覧できます。
　　　　　　※試験場の学生，生徒の場合，各受付校で発表します。

　［受験者への注意］
1．申し込み後の変更，取り消し，返金はできませんのでご注意ください。
2．受験者は，試験開始時間の10分前までに入り，受験票を指定の番号席に置き着席してください。
3．解答用紙の記入にあたっては，黒鉛筆または黒シャープペンを使用してください。
4．計算用具（計算機能のみの電卓またはそろばん）を持参してください。
5．試験は，本協会の規定する方法によって行います。
6．試験会場では試験担当者の指示に従ってください。
　この検定についての詳細は，本協会又はお近くの本協会加盟校にお尋ねください。

検定や受付校の詳しい情報は、
全経ホームページでご覧ください。
「全経」で検索してください。
https://www.zenkei.or.jp/

郵便番号　170－0004
東京都豊島区北大塚1丁目13番12号
公益社団法人　全国経理教育協会
　　　TEL　03（3918）6133
　　　FAX　03（3918）6196

相続税法能力検定試験級別出題区分表

注1　とくに明示がないかぎり同一の項目又は範囲については、級の上昇に応じて程度が高くなるものとする。

注2　適用する法令等の基準日は毎年4月30日現在施行されているものに準拠する。

（令和2年2月13日制定）

項　　　　目	3　　　　級	2　　　　級	1　　　　級
（1）税金の意義，根拠，目的	○税金の意義，根拠，目的		
（2）納税の義務	○納税の義務		
（3）税金の体系と分類	○税金の体系と分類		
	○国税と地方税		
	○直接税と間接税		
	○本税と附帯税		
（4）徴税方式	○徴税方式		
	○賦課課税方式		
	○申告納税方式		
（5）基本的な用語	○基本的な用語		
法　令　等	原則として民法，相続税法，同施行令，租税特別措置法及び国税通則法並びに相続税法基本通達	相続税法施行規則及び財産評価基本通達	租税特別措置法施行令及び同規則並びにこれらに関する通達
民法の基礎知識			
（1）用語の定義	○相続		
	○遺贈（特定遺贈，包括遺贈）	○負担付遺贈，停止条件付遺贈	
	○承認，放棄，欠格，廃除		
	○贈与	○負担付贈与，死因贈与	
（2）相続人の範囲と順位	○配偶者		
	○子（第一順位）	○非嫡出子，普通養子	○特別養子
	○直系尊属（第二順位）	○代襲相続人	
	○兄弟姉妹（第三順位）	○半血兄弟姉妹	
（3）相続分	○配偶者と子の場合	○非嫡出子の相続分	○二重身分の場合（孫養子）
	○配偶者と直系尊属の場合	○代襲相続分	○指定相続分
	○配偶者と兄弟姉妹の場合	○半血兄弟姉妹の相続分	○特別受益者の相続分，寄与分
（4）遺産の分割	○分割の方法		
（5）遺留分			○遺留分権利者とその割合
（6）配偶者居住権			○短期配偶者居住権
			○配偶者居住権
（7）特別寄与料			○特別寄与者の特別寄与料
1．基本原則			
（1）一税法二税目	○相続税と贈与税の課税意義		
（2）課税方式	○相続税の課税方式		
	○遺産課税方式		
	○遺産取得課税方式		
	○法定相続分課税方式		
	○贈与税の課税方式		
	○受贈者課税方式		

（3）財産の無償取得と課税	○個人に対する課税		○個人以外に対する課税 　○人格のない社団・財団 　○持分の定めのない法人 　○特定一般社団法人等
2．総　則			
（1）納税義務者の区分	○居住無制限納税義務者 ○非居住無制限納税義務者	○居住制限納税義務者 ○非居住制限納税義務者 ○特定納税義務者	
（2）課税財産の範囲	○無制限納税義務者の課税財産の範囲	○制限納税義務者の課税財産の範囲	
（3）財産の所在		○動産又は不動産 ○金融機関に対する預貯金 ○保険金，退職手当金等 ○貸付金債権 ○社債，株式又は出資 ○国債又は地方債 ○外国債又は外国地方債	
（4）納税地			○原則的な納税地 ○特例的な納税地
3．相続税の課税価格と税額			
（1）課税原因	○相続，遺贈	○負担付遺贈，死因贈与	
（2）相続税の課税財産	○本来の相続財産 ○みなし相続財産（基本） 　○生命保険金等 　○退職手当金等		○みなし相続財産（応用） 　○生命保険契約に関する権利 　○定期金に関する権利 　○保証期間付定期金に関する権利 　○契約に基づかない定期金に関する権利
（3）相続税の非課税財産	○非課税財産の種類 ○生命保険金等の非課税限度額の計算 ○退職手当金等の非課税限度額の計算	○租税特別措置法の非課税	
（4）相続税の課税価格	○相続税の課税価格の計算	○小規模宅地等の特例（基本） 　○特例対象宅地等の種類 　○限度面積要件 　○減額割合・減額計算 　○完全併用と限度内併用	○小規模宅地等の特例（応用） 　○特例対象宅地等の要件 　○二世帯住宅の取扱い 　○特定貸付事業を行っている場合 ○特定計画山林の特例 　○減額割合・減額計算 　○小規模宅地等との選択
	○債務控除（基本）	○相続時精算課税適用財産（公租公課，被相続人の責めに帰すべき債務）	
		○生前贈与・加算（基本）	（特定贈与財産がある場合） ○遺産が未分割の場合

（5）遺産に係る基礎控除額	○基礎控除額の計算	○養子の算入制限（基本）———	（みなし実子がいる場合）
（6）相続税の総額	○法定相続分課税方式に基づく総額計算		
	○速算表を用いた計算方法		
（7）各相続人等の算出税額	○按分割合による算出税額の計算		
（8）各相続人等の納付税額	○配偶者の税額軽減（基本）———		（未分割の場合）
		○相続税額の加算（基本）———	（養子，代襲相続人の場合）
		○暦年課税分の贈与税額控除（基本）———	（一般贈与財産と特例贈与財産の両方がある場合）
		○未成年者控除（基本）———	（既控除額がある場合など）
		○障害者控除（基本）———	（障害の程度に変化があった場合など）
		○相続時精算課税分の贈与税額控除（基本）———	（相続開始年分の贈与財産がある場合）
			○相次相続控除
			○外国税額控除
4．贈与税の課税価格と税額			
（1）課税原因	○贈与契約	○負担付贈与	
（2）贈与税の課税財産	○本来の贈与財産		
	○みなし贈与財産（基本）	（信託受益権など）	
（3）贈与税の非課税財産	○非課税財産の種類（基本）	（特定障害者扶養信託など）	○住宅取得等資金の贈与
			○教育資金の一括贈与
			○結婚・子育て資金の一括贈与
（4）贈与税の課税価格	○贈与税の課税価格の計算		
（5）贈与税の配偶者控除		○適用要件及び控除額	
（6）贈与税の基礎控除	○基礎控除額		
（7）贈与税の算出税額	○速算表を用いた計算方法		
	○一般税率及び特例税率		
（8）贈与税の納付税額			○外国税額控除
5．相続時精算課税制度			
（1）制度の概要		○適用要件（基本）———	（孫，事業承継者の特例）
		○適用手続（基本）———	（提出義務の承継）
（2）贈与税額の計算		○課税価格，特別控除，税率	
（3）相続税額の計算		○課税価格，贈与税額控除	○還付税額，権利義務の承継
（4）住宅取得等資金の特例			○特例の概要及び適用要件
6．申告・更正及び決定			
（1）相続税の申告	○提出者，提出期間，提出先		○提出義務の承継
			○相続財産法人等に係る申告
（2）贈与税の申告	○提出者，提出期間，提出先		○提出義務の承継
（3）期限後申告・修正申告・更正の請求の特則			○特則事由
			○相続財産法人等に係る義務的修正申告
			○租税特別措置法の非課税に係る義務的期限後申告及び修正申告

			○住宅取得等資金の非課税及び特例に係る義務的修正申告
			○小規模宅地等の特例及び特定計画山林の特例に係る特則事由
（4） 更正及び決定の特則			○概要
7．雑 則			
（1） 贈与税の申告内容の開示			○概要
8．納付，延納，物納			
（1） 納付の原則	○金銭一括納付 ○納付時期		
（2） 延納制度			○許可の要件，申請手続 ○延納税額・利子税の計算
（3） 物納制度			○許可の要件，申請手続 ○物納の撤回 ○特定物納
（4） 連帯納付			○概要及び解除事由
9．納税猶予及び免除			
（1） 農地等についての納税猶予制度			○相続税・贈与税の納税猶予制度 　○制度の概要，手続 　○納税猶予額の計算 　○納税猶予の打切り事由 　○納税猶予額の免除 ○贈与者の死亡に係る相続税課税の特例
（2） 山林についての納税猶予制度			○相続税の納税猶予制度 　○制度の概要，手続 　○納税猶予額の計算 　○納税猶予の打切り事由 　○納税猶予額の免除
（3） 特定の美術品についての納税猶予制度			○相続税の納税猶予制度 　○制度の概要，手続 　○納税猶予額の計算 　○納税猶予の打切り事由 　○納税猶予額の免除
（4） 個人の事業用資産についての納税猶予制度			○相続税・贈与税の納税猶予制度 　○制度の概要，手続 　○納税猶予額の計算 　○納税猶予打切り事由 　○納税猶予額の免除 　○小規模宅地等との選択 ○贈与者の死亡に係る相続税課税の特例

（5）非上場株式等について 　　の納税猶予制度			○相続税・贈与税の納税猶予 　制度（一般措置・特例措置） ○制度の概要，手続 ○納税猶予額の計算 ○納税猶予打切り事由 ○納税猶予額の免除 ○贈与者の死亡に係る相続 　税課税の特例（一般措置・ 　特例措置）
（6）医療法人の持分放棄に 　　係る納税猶予制度			○相続税・贈与税の納税猶予 　制度 　○制度の概要，手続 　○納税猶予額の計算 　○納税猶予打切り事由 　○納税猶予額の免除 　○納税猶予額の税額控除 ○みなし個人課税の特例
10.　財産の評価 （1）評価の原則	○評価の原則		
（2）法定評価			○地上権及び永小作権 ○配偶者居住権等 ○定期金に関する権利 ○立木の評価に係る特例
（3）財産評価基本通達の 　　定めによる評価		○土地及び土地の上に存する 　権利（基本）……………… ○家屋 ○上場株式（基本）………… ○非上場株式 　○評価方式の判定（基本）… 　○一般評価会社の評価 　　（類似業種比準価額等の 　　基本的な算定など）	（不整形地，定期借地権など） （増資，配当がある場合） （中心的な同族株主等の判定） 　○特定評価会社の評価 　○類似業種比準価額 　○１株当たりの純資産価額 　○配当還元価額 ○株式に関する権利 ○預貯金，貸付金債権 ○社債，証券投資信託等 ○ゴルフ会員権 ○構築物，動産その他
11.　出題の形式 （1）文章問題	○原則として簡単なもの 　語群選択方式又は○×方 　式による	○空欄方式又は○×方式	○空欄方式又は○×方式
（2）相続人及び相続分判定			
（3）計算問題	○原則として計算過程の簡 　単なものを出題する ○原則として計算式を与える	○原則として計算式を与える	○原則として計算式を与える

検定試験に関する最新の情報について

　各回の検定試験における出題範囲などの最新情報につきましては、「全国経理教育協会」のホームページを必ずご確認くださいますようお願いいたします。

---

https://www.zenkei.or.jp/

トップページの「能力検定試験」 ＞ 「相続税法能力検定」

　本書は、第104回以降の相続税法能力検定試験対策として最新の法令・通達により作成しておりますが、その後における法令・通達の改正に伴い必要な変更や追加などがある場合におきましては、随時ネットスクールのホームページでその内容を公開する予定です。あらかじめご了承ください。

---

https://www.net-school.co.jp/

トップページ「読者の方へ」 ＞ 「全経相続税法」

●各級の模擬問題（試験問題見本）と過去問題について●

　第104回から開始する相続税法能力検定試験の受験に当たり、各級の模擬問題及び解答が「全国経理教育協会」のホームページにて公開されています。

　また、実際に本試験で出題された問題とその解答速報は、検定試験が終わった翌週月曜日正午（祝日の場合は火曜日）から2週間限定で全国経理教育協会のホームページにて公開される予定です。

---

https://www.zenkei.or.jp/

トップページの「能力検定試験」 ＞ 「相続税法能力検定」 ＞ 「試験問題見本」

凡例（略式名称……正式名称）
　法………相続税法
　国通……国税通則法
　措法……租税特別措置法
　基通……相続税法基本通達
　評通……財産評価基本通達
　民………民法
引用例
　法3①一……相続税法第3条第1項第一号

Chapter 1

相続税法の概要

Section 1 相続税法入門

納税の義務は憲法により、税金の課税は税法により定められています。
このSectionでは、相続税法に関する基本的な知識について学習します。

2級 出題
3級

1 納税の義務

わが国では、日本国憲法によって国民の「納税の義務」が定められています。
しかし、「税金」[01]は国や地方公共団体が具体的な見返りを伴わず、国民に
負担を求めるものであり、具体的なルールなしに課税することは認められ
ません。したがって、「税金」を課税する場合には、必ず法律の規定による
ことを必要とします。

<＜日本国憲法（一部抜粋）＞>

> **第30条（納税の義務）**
>
> 国民は、法律の定めるところにより、納税の義務を負う。
>
> **第84条（課税の要件）**
>
> あらたに租税を課し、又は現行の租税を変更するには、法律又は
> 法律の定める条件によることを必要とする。

以上のように、国民は日本国憲法第30条により正当な納税義務を負うと
同時に同法第84条により法律によらなければ不当な徴収はされないという
保障を与えられています。このような考え方を「**租税法律主義**」といいます。

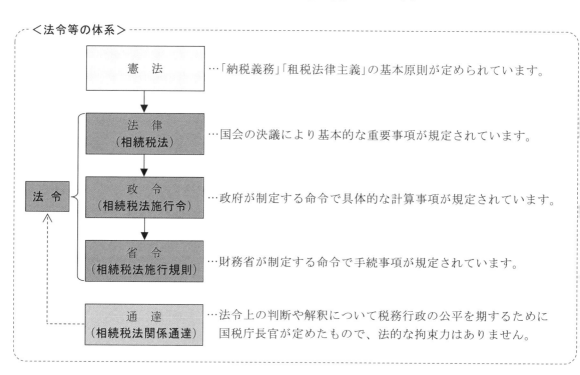

＜法令等の体系＞

憲　法 …「納税義務」「租税法律主義」の基本原則が定められています。

法　律（相続税法）…国会の決議により基本的な重要事項が規定されています。

政　令（相続税法施行令）…政府が制定する命令で具体的な計算事項が規定されています。

法令

省　令（相続税法施行規則）…財務省が制定する命令で手続事項が規定されています。

通　達（相続税法関係通達）…法令上の判断や解釈について税務行政の公平を期するために
国税庁長官が定めたもので、法的な拘束力はありません。

*01) 国や地方公共団体は国民の生活に不可欠な公共サービスを提供しています。公共サービスを提供するためには、当然多くの費用が必要となりますが、その費用を国民で出し合って負担しているものが「税金」です。

2 税金の分類

税金は様々な観点から分類されます。

1. 国税と地方税

課税するのが「国」か「地方公共団体」であるかによって、国税と地方税に分類されます。相続税は「国税」に分類されます。

区　分	内　　容	税　　目
国　税	国が個人や企業に課する税金	所得税、法人税、**相続税**、消費税、酒税　等*01)
地方税	地方公共団体が個人や企業に課する税金	固定資産税、事業税、住民税　等

2. 直接税と間接税

税金を納める義務がある者(納税義務者)と税金を負担する者(担税者)が同一である税金を直接税といい、別々である税金を間接税といいます。相続税は「直接税」に分類されます。

区　分	内　　容	税　　目
直接税	納税義務者 ＝ 担税者	所得税、法人税、**相続税**　等
間接税	納税義務者 ≠ 担税者	消費税、酒税　等

3. 本税と附帯税

税金は、法律の規定によって、一定の条件のもとに課税されますが、通常の税金を「本税」といいます。

また、本税を課税する上で、適正を欠く場合(税金を遅れて納めた場合など)に、本税に附帯して課税される税金を「附帯税」といい、次のようなものがあります。

附帯税	内　　容
延滞税	税金を滞納したときに課されます。
過少申告加算税	申告書に記載された税金が過少であるときに課されます。
無申告加算税	申告をしなかったときに課されます。
重加算税	悪質な脱税があったときに課されます。

Chapter 1

Chapter 2

Chapter 3

Chapter 4

Chapter 5

Chapter 6

Chapter 7

Chapter 8

Chapter 9

参考資料

3 申告納税方式と賦課課税方式

　納付する税額を確定する手続きには、次の二つの方式がありますが、相続税は「申告納税方式」に分類されます。

区　　分	内　　容
申告納税方式^{*01)}　（しんこくのうぜい）	納税義務者が各税法に従って税額を計算し、申告することで納税額が確定する方式です。
賦課課税方式^{*02)}　（ふかかぜい）	国又は地方公共団体等が納税額を確定する方式です。

*01) 納税義務者は申告書に記載した税額を納めます。

*02) 国等から「賦課決定通知書」が送付され、そこに記載された税額を納めます。

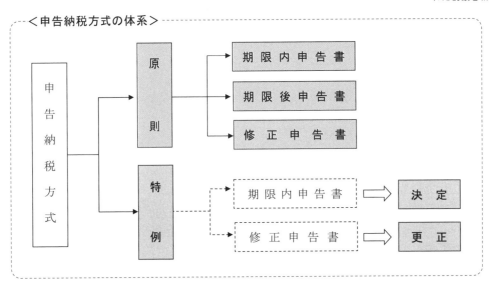

＜申告納税方式の体系＞

(1) **期限内申告書**（きげんないしんこくしょ）（国通17、法1の2二）

　法定申告期限までに税務署長に提出しなければならない納税申告書のことをいいます。

(2) **期限後申告書**（きげんごしんこくしょ）（国通18、法1の2三）

　期限内申告書を提出すべきであった者は、その提出期限後においても、決定があるまでは、期限後申告書を提出することができます。

(3) **修正申告書**（しゅうせいしんこくしょ）（国通19、法1の2四）

　納税申告書を提出した者は、原則として先の納税申告書の提出により納付した税額に不足額があるときは、更正があるまでは、修正申告書を提出することができます。

(4) **更　正**（こうせい）（国通24、26、法1の2五）

　税務署長は納税申告書の提出があった場合において、納税申告書に記載された税額等が過大又は過小であることを知ったときは、その税額等を更正します。

(5) **決　定**（けってい）（国通25、法1の2六）

　税務署長は納税申告書を提出する義務があると認められる者が納税申告書を提出しなかった場合には、税額等を決定します。

4 相続税法の特徴

相続税法には「相続税」の他、「贈与税」も規定されています。これは相続税法だけの特徴であり、一つの税法の中に二つの税金（税目）が規定されていることから「一税法二税目」*01) と呼びます。

*01)「所得税法」には所得税が、「法人税法」には法人税がそれぞれ規定されているように「一税法一税目」を原則としてます。

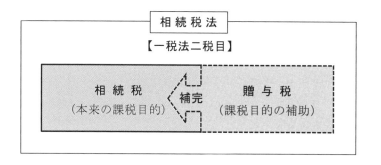

【具体例】

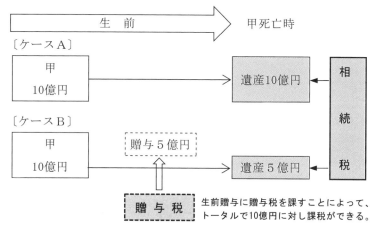

生前贈与に贈与税を課すことによって、トータルで10億円に対し課税ができる。

【解　説】

甲の生前のある時点における財産の額が10億円であったとしても、甲死亡時の遺産額は、生前に贈与をした場合とそうでない場合とでは大きな差となります。上記の具体例において、相続税が課税される遺産額は、ケースAでは10億円、ケースBでは5億円となります。

このような相続税の負担における不公平を解消するため、ケースBの生前贈与5億円に対し相続税に準じて「贈与税」を課すこととしました。さらに、相続税よりも贈与税の負担を重くしています。これにより、贈与税は相続税の課税体系を補完*02)する機能を持ちます。

以上のことから、相続税と贈与税は全く別個の税目であるにもかかわらず、双方とも相続税法に規定されています。

∴　贈与税は相続税の補完税 ➡ 一税法二税目とされている理由です

*02) 不十分な部分を補って、完全なものにすることをいいます。

1 相続税とは

相続税は、死亡した人（「被相続人」と呼びます。）の財産を相続
により取得した配偶者や子など（「相続人[*01]」と呼びます。）に対して、
その取得した財産の価額を基に課される税です。

*01) 相続人等の詳細については、
Chapter 2 で学習します。

2 相続税の持つ機能

相続税は、例えば親から子に財産が移転するだけなのになぜ税金が
かかるのでしょうか。これには色々な考え方があるとされていますが、
相続税の持つ機能として代表的なものは、次のとおりです。

(1) 所得税の補完機能[*01]

被相続人が生前において受けた税制上の特典や税負担の軽減等に
より蓄積した財産を相続開始の時点（死亡の時点）で清算する、
いわば所得税を補完する機能を有するのが相続税という考え方です。

*01) 個人には年々の所得に対し
所得税が課税されますが、
所得税が課税されなかった
所得にも死亡時点で所得税
に代わる税金を課税しよう
とするものです。

(2) 富の集中抑制機能[*02]

相続により相続人等が得た偶然の富の増加に対し、その一部を税
として徴収することで、相続した者と相続しなかった者との間の
財産の保有状況のバランスを図り、併せて富の過度の集中を抑制
する機能を有するのが相続税という考え方です。

*02)「富の再分配」機能とも言わ
れます。世の中には、お金
持ちもいれば、そうでない
人もいます。お金持ちの人
から税金を徴収し、そうで
ない人に分配することで貧
富の差を緩和しようとする
社会的政策の一つとされて
います。

Chapter 1

Chapter 2

Chapter 3

Chapter 4

Chapter 5

Chapter 6

Chapter 7

Chapter 8

Chapter 9

参考資料

3 相続税の課税方式

1．概　要

　　相続税の課税方式には、大別して遺産課税方式と遺産取得課税方式の二つがあります。遺産課税方式とは、被相続人の遺産総額に応じて課税する方式です。一方、遺産取得課税方式とは、個々の相続人等が取得した遺産額に応じて課税する方式です。

2．二つの課税方式の特徴

⑴　遺産課税方式*01)

①　被相続人の所得税を補完する意義があり、作為的な遺産分割による租税の回避を防止しやすい。

②　遺産分割のいかんにかかわらず、遺産の総額によって相続税の税額が定まるため、税務の執行が容易である。

⑵　遺産取得課税方式*02)

①　個々の相続人が取得した財産の価額に応じて超過累進税率が適用されるため、富の集中化の抑制に大きく貢献する。

②　同一の被相続人から財産を取得した者間における取得財産額に応じた税負担の公平が期待できる。

*01) 遺産課税方式は、被相続人の遺産に対し課税する方式です。なお、この課税方式を採用している代表的な国はアメリカやイギリスです。

*02) 遺産取得課税方式は、遺産の取得者に対し課税する方式です。なお、この課税方式を採用している代表的な国はフランスやドイツです。

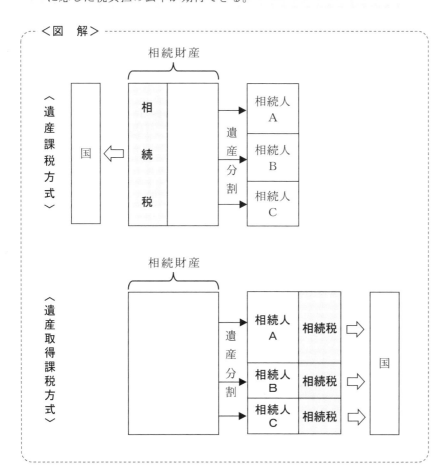

＜図　解＞

3．現行の課税方式

　わが国の相続税の課税方式は、明治38年の相続税法創設以来[*03]、遺産課税方式とされてきましたが、昭和25年に遺産取得課税方式に改められ、昭和33年には税額の計算に当たり遺産課税方式の要素が一部取り入れられて現在に至っています。

　遺産取得課税方式には、各遺産取得者間の取得財産額に応じた税負担の公平を図りやすいという長所がある反面、仮装分割[*04]による相続税の負担回避が図られやすいという短所がありました。

　そこで、昭和33年の改正では遺産取得課税の建前を維持しつつ、各相続人等が遺産分割等により取得した財産の合計額をいったん法定相続分[*05]で分割したものと仮定して相続税額の総額を算出し、それを実際の遺産の取得額に応じてあん分するという計算の仕組み（「**法定相続分課税方式**」といいます。）が導入されました。

*03) 相続税は明治38年（1905年）前年に始まった日露戦争の戦費調達を目的に導入されたとされています。

*04) 実際とは異なる分割を装った分割のことで、超過累進税率の低率適用による税負担の回避を図ることができるという問題がありました。

*05) ここで用いる法定相続分の詳細については、Chapter 4 で学習します。

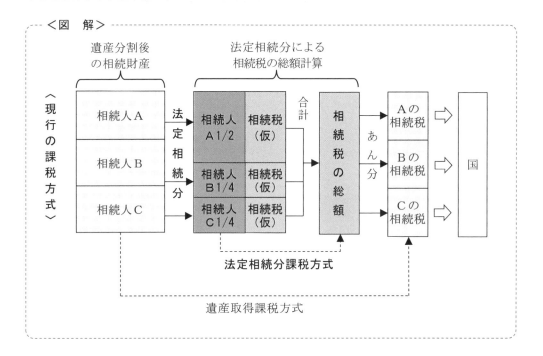

<図　解>

現行の課税方式は、遺産取得課税方式の中に法定相続分課税方式を組み入れているのが特徴と言えますね。

4 相続税の期限内申告

1．概　要

　　相続税では申告納税方式が採用されているため、納税義務者が自ら課税価格及び相続税額を計算し、これを申告してその税額を納付しなければなりません。

　　原則として、納税義務者が相続の開始を知った日[*01)]の翌日から10月以内に納税申告書（期限内申告書）を税務署長に提出します。

*01）相続税の申告書の提出期限の起算日は、相続の開始日（死亡の日）ではなく「相続の開始があったことを知った日」の翌日となります。何らかの事情により知った日が1日遅れた場合には、期限も1日あとになります。

＜図　解＞

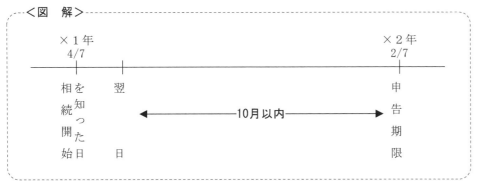

2．提出義務者

　　被相続人から相続などにより財産を取得したすべての者に係る相続税の課税価格の合計額が、遺産に係る基礎控除額を超える場合において、納付すべき相続税額が算出される者[*02)]は、相続税の申告書を提出しなければなりません。

*02）配偶者に対する相続税額の軽減など、申告することを要件とする規定を適用する場合には、その適用により納付税額がなくなった者についても相続税の申告書を提出する必要があります。詳細については、Chapter 5 で学習します。

3．提出期限

　　相続の開始があったことを知った日の翌日から10月以内

＜具体例＞

相続の開始があったことを知った日		提　出　期　限
令和6年9月15日	⇨	令和7年7月15日[*03)]
令和6年8月31日	⇨	令和7年6月30日[*04)]
令和6年4月11日	⇨	令和7年2月12日[(注)]

*03）10月後の応当日が期限です。

*04）相続の開始があったことを知った日が月末である場合には、10月後の月末となるので注意してください。

（注）　提出期限の特例

　　　　提出期限が土曜日、日曜日又は祝日に当たるときは、直後の平日が提出期限となります。

4．申告書の提出先

相続税の申告書の提出先は、提出義務者の納税地の所轄税務署長[*05]です。なお、同一の被相続人から相続などにより財産を取得した者で提出先の税務署長が同一である場合には、相続税の申告書を共同して提出することができます。[*06]

5．納税地（参　考）

(1)　原　則

① 法施行地[*07]に住所を有する居住者の場合

　➡　法施行地にある住所地又は居所地

② 法施行地に住所を有しない非居住者及び出国する者

　➡　納税地を定めて納税地の所轄税務署長に申告しなければなりません。なお、その申告がないときは、国税庁長官がその納税地を指定します。

(2)　被相続人の住所が法施行地にある場合の特例[*08]

被相続人の死亡の時における住所が法施行地にある場合には、相続税に係る納税地は、上記(1)の原則にかかわらず、被相続人の死亡の時における住所地とします。

6．納　付[*09]

申告書を提出した者は、その申告書の提出期限までにその申告書に記載した金額に相当する国税を国に納付しなければなりません。

（参　考）

納付は金銭による一括納付を原則としていますが、金銭一括納付が困難な場合には、延納（金銭の分割納付）という方法や取得した遺産そのものを納付する物納という方法も認められています。

*05）申告書の提出先は「税務署」ではなく「税務署長」です。

*06）申告書提出の原則は、単独提出ですが、納税者及び税務署の事務手続きの負担軽減を考慮して、共同提出の規定が設けられています。

*07）法施行地とは、日本の相続税法が施行される地という意味であり「法施行地≒日本国内」です。なお、その範囲は本州、北海道、四国、九州及びその附属の島（歯舞群島、色丹島、国後島及び択捉島を除く。）とされています。

*08）納税地の原則は各納税者の住所地ですが、「共同提出」を有効に働かせるため、被相続人の住所が法施行地にある場合には納税者全員の納税地を被相続人の住所地としています。

*09）納付期限は申告期限と同じですが、申告書の提出以後納付するのが一般的です。また、税金の支払いは銀行や郵便局、クレジットの他、税務署の窓口で納めることも可能です。

【参 考】一般的な相続開始後の流れ

被相続人

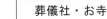

葬儀社・お寺　　家庭裁判所　　税務署

税務署

相続開始（被相続人の死亡）

→ ・死亡届を提出

葬儀社・お寺
- 四十九日法要
- 香典返し
- 初七日法要・納骨
- 通夜・葬式

→ ・遺産や債務の把握

家庭裁判所
- 相続の限定承認
- 相続の放棄

→ ・相続人の確認

税務署
- 所得税の準確定申告と納付

→
- ・相続税の申告書の作成
- ・遺産分割協議書の作成

税務署
相続税の申告と納付

3月以内

4月以内

10月以内

相続税の申告と納付の期限は10か月です。
他にも期限のある手続きがありますので
十分に注意してください。

Chapter 1

Chapter 2

Chapter 3

Chapter 4

Chapter 5

Chapter 6

Chapter 7

Chapter 8

Chapter 9

参考資料

Section 3 贈与税とは

贈与税とはどのような税金で、どのように課税されるのでしょうか。
このSectionでは、贈与税の持つ機能や課税方式などを中心に学習します。

1 贈与税とは

　贈与税は、個人から贈与により財産を取得した者（「受贈者*01)」と
呼びます。）に対して、その取得した財産の価額を基に課される税です。

*01) 受贈者等の詳細については、
　　Chapter 2で学習します。

2 贈与税の持つ機能

　贈与税は、相続税を補完する機能*01)を持っています。そのため、
この贈与税の性格を踏まえ、次の2つの規定が設けられています。

*01) ☞5ページに戻って確認
　　しましょう。

(1)　生前贈与加算*02)

　被相続人から遺産を取得した者については、被相続人から贈与により
取得した財産のうち相続開始前7年以内のものを相続税の課税対象と
します。

*02) 生前贈与加算については、
　　Chapter 7で学習します。

(2)　相続時精算課税*03)

　相続税と贈与税を一体化する仕組みによって、被相続人から贈与に
より取得したすべての財産を、被相続人から取得した遺産に累積して
相続税を課税する制度です。

*03) 相続時精算課税については、
　　Chapter 8で学習します。

3 贈与税の課税方式

　贈与税の課税方式には、その持つ機能が相続税の補完税である
ことから、相続税の課税方式に準じて決まります。*01)

　大別すると、贈与をした人（贈与者）に課税する方式と贈与を
受けた人（受贈者）に課税する方式がありますが、わが国の現在の
相続税の課税方式は遺産取得課税方式を採用していることから、
贈与税の課税方式は「受贈者課税方式」が採用されています。

*01) 相続税の課税方式は財産の
　　取得者に課税する方式です
　　ので、贈与税の課税方式も
　　財産の取得者である受贈者
　　に課税する方式を採用して
　　います。

4 贈与税の期限内申告

1. 概 要

　贈与税についても相続税と同様、申告納税方式を採用しています。贈与税の場合は、受贈者がその年に贈与を受けた財産について納付すべき贈与税額があるときは、その年の翌年*01) 2月1日から3月15日までに、納税申告書（期限内申告書）を納税地の所轄税務署長に提出します。

*01) 贈与税額の計算は暦年単位（1/1〜12/31）によるため、その年分の贈与税額確定後、その翌年に贈与税の申告を行います。

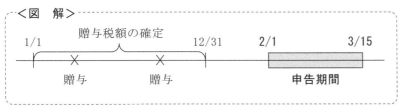

<＜図　解＞>

2. 提出義務者

　贈与により財産を取得した者で、次に該当する者は、贈与税の申告書を提出しなければなりません。

⑴　その年分の贈与税の価格について110万円の基礎控除額を控除し、贈与税の税率を適用して算出した納付すべき贈与税額がある者*02)

⑵　相続時精算課税の適用を受ける財産を取得した者

*02) 贈与税の配偶者控除など、申告することを要件とする規定を適用する場合には、その適用により納付税額がなくなった者についても、贈与税の申告書を提出する必要があります。詳細については、Chapter 6で学習します。

3. 提出期限

　贈与があった年の翌年2月1日から3月15日

4. 申告書の提出先

　贈与税の申告書の提出先は、提出義務者の納税地の所轄税務署長です。

5. 納税地*03)（参 考）

⑴　法施行地に住所を有する居住者の場合

　➡　法施行地にある住所又は居所地

⑵　法施行地に住所を有しない非居住者及び出国する者

　➡　納税地を定めて納税地の所轄税務署長に申告しなければなりません。なお、その申告がないときは、国税庁長官がその納税地を指定します。

*03) 納税地は原則どおり納税者の住所地となります。なお、贈与税には、納税地の特例がありません。

6. 納 付*04)

　申告書を提出した者は、その申告書の提出期限までにその申告書に記載した金額に相当する国税を国に納付しなければなりません。

*04) 納付期限及び税金の支払いについては相続税と同じです。また、贈与税には延納のみが認められています。

◆日本の相続税の歴史◆

　我が国の相続税は、今から100年以上前の1905年（明治38年）、日露戦争に端を発して創設されたものと言われています。なお、このことは国税庁が紹介している「租税史料ライブラリー」の内容からも覗い知ることができます。

　その当時、イギリス、フランス、イタリア、ベルギー、オランダなどの世界各国では、すでに相続税制度を採用していました。

　同じ頃、日本でも大蔵省（現財務省）は各国の租税制度調査のためにヨーロッパ各国に官吏を派遣していて、西洋の租税制度に倣い、相続税を導入しようと考えていたタイミングでもありました。

　さて、日本の相続税における課税方式は遺産課税方式からスタートしましたが、1950年（昭和25年）に連合国軍による占領下において、租税学者のシャウプ博士の勧告による抜本的な改正が行われました。その影響により、これまでの課税方式は遺産取得課税方式へと切り替わることとなります。しかし、その翌年（昭和26年）のサンフランシスコ講和条約の調印により、およそ7年にも及んだ連合国軍による占領下から独立を回復すると、占領下の相続税制は我が国の実情に合わないとして改正され、現在における相続税の基本的な構造が出来上がりました。

　それから50年以上が経過し、日本では高齢化が進み、経済社会の構造が変化したことから、経済の活性化という社会的な要請の高まりに応える税制として、2003年（平成15年）に相続時精算課税制度が改正により導入されました。当時の塩川財務大臣に「シャウプ以来の税制の改革」と言わせたほど、相続税制にとっての大きな改正と位置づけられました。

　このように、日本の相続税制は戦争の歴史とともに歩み、変化を繰り返してきたとも言えますが、同時に相続税が持つ意義や機能も変化してきたことが分かります。

　明治38年の創設時には、日露戦争の戦費調達が目的だったため偶然所得の発生に担税力を見出して課税するという「所得税の補完」がその意義でした。第二次大戦後の連合国軍による占領下においては、財閥解体という占領政策と財閥復活阻止のための「富の集中抑制」という意義を持つようになりました。しかし、連合国軍による占領から開放されると富の社会への還元を目的とした「富の再分配」という意義へと変化していきました。

　最後に。租税には所得・消費・資産に対する課税という三つの柱がありますが、相続税は資産に対する課税という役割を担っています。これらの課税を組み合わせた最良の税制「タックス・ミックス」を構築していく上で、消費税率の引き上げによる所得の再分配機能の低下という問題を抱える中、相続税の富の再分配機能は今後においてより期待されるものになっていくと思われます。

Chapter

2

民法の基礎知識

Section

民法に規定する用語

相続税法は民法に規定する用語を多用しているため、その理解が必要です。
このSectionでは、相続税法に関する民法の用語について学習します。

2級
出題
3級

1 相 続

3級 出題

1. 相続の意義

　　相続とは、個人が死亡した場合に、その死亡した者の財産上の
権利義務*01)をその死亡した者の配偶者や子など一定の親族関係に
ある者に承継させる制度のことをいいます。この場合、死亡した者
のことを「被相続人」といい、財産上の権利義務を承継する者の
ことを「相続人」といいます。また、被相続人から相続人に承継さ
れる財産のことを「相続財産」といいます。

*01) 権利とは積極財産（不動産、預貯金などプラスの財産）のことで、義務とは消極財産（借入金等などマイナスの財産）のことです。

2. 相続開始の原因（民882）

　　相続は「人の死亡」によって開始します。なお、失踪の宣告*02)
を受けた場合も死亡したものとみなされます。

失踪宣告	普通失踪	失踪期間を7年とし、その期間が満了した時	死亡したものとみなされます。
	危難失踪*03)（特別失踪）	失踪期間を1年とし、危難が去った時	

*02) 音信不通、生死不明の状態が長期間続く場合（失踪）には、財産を相続することができないため、失踪宣告を家庭裁判所に申立てることができます。

*03) 戦争や海難事故、震災等の危難に遭遇した者の生死がその危難が去った後1年間不明である場合には死亡とみなされます。

3. 相続開始の場所（民883）

　　相続は、被相続人の住所*04)において開始します。

相続開始地	税 務 署	相続税の申告書は、原則として相続開始地を管轄する税務署に提出します。
	家庭裁判所	相続の放棄や遺言の検認*05)等は、相続開始地を管轄する家庭裁判所に申立てを行います。

*04) 生活の本拠のことです。

*05) 遺言の検認とは、遺言書の偽造・変造を防止し、その保存を確実にするために行われる証拠保全手続です。

4. 相続の効力（民896）

　　相続の開始により、相続人はその相続の開始の時から被相続人の
財産に属した一切の権利義務を承継することになります。ただし、
被相続人の一身に専属したものは、この限りではありません。

一身専属権	被相続人の一身に専属した権利は、その特定の人に専属し、他の者に移転しない性質のもので、相続、譲渡などはできず、その個人だけの資格、権利です。 <例> 税理士資格、生活保護受給権など

2 相続の承認と放棄 3級 出題

1. 概　要

　　相続の開始により、相続人は被相続人に属する一切の権利義務を承継することになりますが、債務が多いような場合には相続人にとって酷となるときもあります。

　　そこで、民法では、相続人に対して相続財産を承認するかどうかについて選択権を与えることとしています。

2. 承　認 *01)

単純承認 （民920）	無制限で積極財産と消極財産を承継することです。 →　積極財産をもってしても消極財産（債務）を弁済しきれないときには、相続人は自己保有の財産をもって支弁することとなります。
限定承認 （民922）	積極財産の範囲内で消極財産を承継することです。 →　相続人が限定承認をしようとするときは、相続の開始を知った時から3か月以内に財産目録を作成してこれを家庭裁判所に提出し、限定承認する旨を申述しなければなりません。なお、限定承認は、相続人が2人以上いる場合は相続人全員が共同でしなければなりません。

*01)「単純承認」と「限定承認」がありますが、試験の出題では単純承認を前提とした計算問題が想定されます。

<図　解>

〔単純承認の場合〕

債務超過の部分も承継する必要があります。

〔限定承認の場合〕

債務超過の部分は承継する必要がありません。

財産と借金のどちらが多いのかはっきりしない場合に限定承認をしておけば、もし借金の方が多いと分かったときでも損はしないので安心ですね。

3. 放 棄

相続の放棄 （民938）	相続権を放棄*02)することです。 ➡ 相続の放棄とは、債務を含めた相続財産の全ての承継を拒否することをいいます。なお、相続を放棄しようとする者は、その旨を家庭裁判所に申述しなければなりません。

4. 手 続

「単純承認」をする場合には、とくに手続きを必要としません。相続財産の全部又は一部を処分した場合や「限定承認」又は「放棄」をしなかった場合には、単純承認したとみなされます。

また、「限定承認」や「放棄」をする場合には、相続の開始があったことを知った時から3か月以内*03)に家庭裁判所での手続きを必要とします。

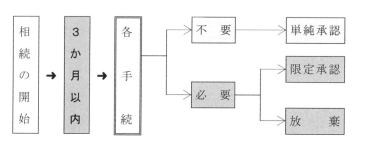

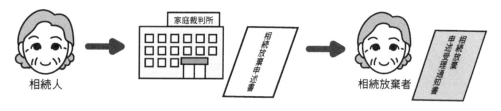

 相続放棄の手続きは相続開始から3か月という短い期間ですので、十分に注意してください。なお、借金の取立てが来ても、家庭裁判所から送付されてくる「相続放棄申述受理通知書」を見せれば大丈夫です。

3 遺産の分割

3級 出題

1. 概　要

相続が開始すると、被相続人の財産はいったん相続人全員の共有財産[01]となり、その後、相続人全員が具体的にその財産を各人ごとに分けていくことになります。このことを「遺産の分割」といいます。

[01] 共有財産とは、一つの財産全体を数人が所有している状態のことをいいます。

2. 遺産分割協議書の作成及び遺産の分割方法
いさんぶんかつきょうぎしょ

相続人間において遺産分割の協議を行った結果、遺産分割が成立した場合には遺産分割協議書を作成します。この遺産分割協議書は相続の内容を証明する書面として不動産の登記や預貯金の名義変更、相続税の申告書に添付する場合などに必要となります。

また、遺産の分割方法には下記の3つの方法があります。

＜遺産の分割方法についての比較＞

分割の方法	現物分割 げんぶつぶんかつ	換価分割 かんかぶんかつ	代償分割 だいしょうぶんかつ
分割の内容	遺産を現物のまま分割する方法（分割の原則的方法）	遺産を譲渡して金銭に換価し、その換価代金を相続人間で分割する方法	一部の相続人が遺産を取得する代わりに、他の相続人に代償金を支払う分割方法
メリット	分割がしやすい 現物財産が残る	公平な遺産分割が可能	公平な遺産分割が可能 現物財産が残る
デメリット	相続分どおりの分割が困難	現物財産が残らない 譲渡益に所得税等がかかる	代償金の支払能力が必要

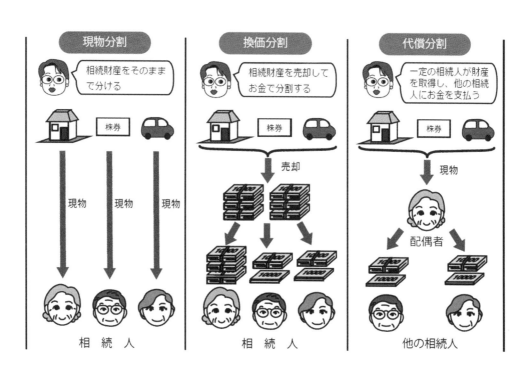

4 遺 贈

1．遺贈の意義

遺贈[01]とは、遺言による財産の無償譲与のことをいいます。

この場合、遺言を行った者のことを「遺贈者(または遺言者)」といい、遺言により財産を取得する者のことを「受遺者」といいます。

*01) 遺贈者は、自由に受遺者を決めることができるため、相続人でも他人でも、法人でも受遺者となることができます。

2．遺贈の種類 (民964)

(1) 遺贈は、次の2つの種類に大別されます。

遺贈の種類	特	徴[02]
特定遺贈	遺贈する財産を具体的に特定し与えること。 →	(特定)受遺者は、その特定財産についてのみ権利を有します。
包括遺贈	遺贈する財産を一定の割合で包括的に与えること。 →	包括受遺者は、相続人と同一の権利及び義務を有します。

*02) 例えば、「預金1,000万円を配偶者に遺贈する」というのが特定遺贈であり、「遺産の5分の1を弟に遺贈する」というのが包括遺贈です。

(2) 負担付遺贈[03] (民1002)

特定の積極財産だけではなく、債務(消極財産)の負担も伴う遺贈のことをいいます。

負担付遺贈を受けた者については、特定財産の価額から債務(負担)の額を控除した残額が課税対象金額となります。

*03) 「土地5,000千円を遺贈するが、銀行借入金2,000千円を負担すること。」という遺贈をした場合、5,000千円から2,000千円を控除した残額3,000千円が課税されます。

3．遺言の効力 (民985)

(1) 遺言は、遺言者の死亡の時から効力が発生します。

(2) 遺言に停止条件を付した場合には、その条件が成就した時から効力が発生します。

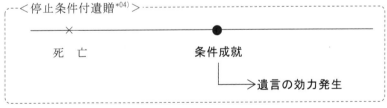

*04) 「20歳に達したならば株式1,000万円を与える」とか「婚姻したならば土地2,000万円を与える」という遺贈です。

4．遺贈の承認と放棄[05] (民986、995)

(1) 受遺者は、遺言者の死亡後、いつでも遺贈の放棄をすることができます。

(2) 遺贈の放棄は、遺言者の死亡時に遡って、その効力を生じます。なお、遺贈の放棄の目的となった財産は相続人に帰属します。

*05) 遺贈の放棄は手続不要で、その意思表示によります。また、相続の放棄と異なり期限がありませんので、他の相続人等は受遺者に対し相当の期間を定めて遺贈の承認又は放棄の意思表示を催告することができます。

5．遺言の方式（民968、969、970）

遺言には普通方式と特別方式がありますが、一般的には普通方式による自筆証書遺言又は公正証書遺言が作成されます。

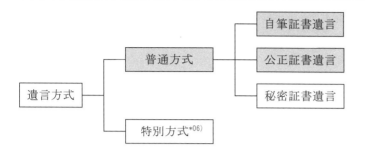

*06）特別方式による遺言とは、伝染病隔離者や船舶遭難者等が危急時に作成する遺言です。

＜普通方式による遺言についての比較＞

遺言の種類	自筆証書遺言 じひつしょうしょいごん	公正証書遺言 こうせいしょうしょいごん	秘密証書遺言 ひみつしょうしょいごん
作成形式	遺言書の全文、日付及び氏名を自筆し、押印したもの	遺言者が遺言の内容を公証人に口授し、公証人が筆記したもの	遺言者が署名・押印し封印した遺言書を公証人等の前に提出し、遺言者の遺言書であることの証明を受けたもの
メリット	・容易に作成できる ・自由に保管できる ・内容を秘密にできる ・費用がかからない ・財産目録はパソコン作成可 　　　　　　　　　　など	・検認の手続が不要 ・方式不備による無効なし ・公証役場で原本が保管され偽造や滅失の恐れなし ・遺言の有無を検索できる 　　　　　　　　　　など	・内容を秘密にできる ・自由に保管できる ・パソコンや代筆の作成可 　　　　　　　　　　など
デメリット	・検認の手続が必要 ・方式不備による無効あり ・偽造や滅失の恐れあり 　　　　　　　　　　など	・費用がかかる ・遺言の存在と内容を秘密にしておくことができない 　　　　　　　　　　など	・費用がかかる ・検認の手続が必要 ・偽造や滅失の恐れあり 　　　　　　　　　　など

民法の改正により令和2年7月10日から「自筆証書遺言書保管制度」がスタートしました。

『終活』という言葉も耳慣れた近頃、相続による遺産争族を避けるため遺言を書く人も多くなりました。しかし、自筆証書遺言書は発見されないままということも少なくはありませんし、特定の相続人がこっそり中を確認して自分に不利な内容だと遺言書を破棄してしまうなど、問題点もありました。そこで、民法の改正により自筆証書遺言書を法務局に保管する制度ができました。詳細については、法務省のホームページでも確認できます。

5 贈 与

1. 贈与の意義（民549）

贈与とは、当事者の一方が自己の財産を無償で相手方に与えるという意思を表示し、相手方がこれを受諾することによって成立する契約[*01]です。

この場合、自己の財産を無償で与える者のことを「贈与者」といい、それを受諾して財産を受け取る者のことを「受贈者」といいます。

2. 贈与の方法と効力（民550）

贈与は、書面によるものと書面によらないもの（口頭によるもの）とがありますが、書面による贈与は撤回することができないのに対し、書面によらない贈与は既に履行した部分を除いて、いつでも撤回することができる点で法的効力が異なります。

3. 贈与の種類

一般的な贈与の他、特殊な形態の贈与として次のものがあります。

贈与の種類	贈与の形態
定期贈与（民552）	「毎年100万円ずつ、10年間にわたり贈与する。」というように、定期の給付を目的とする贈与で、贈与者の死亡により終了します。
負担付贈与（民553）	「自宅の贈与に当たり、その購入時の借入金の残債を負担させる。」というように、受贈者に一定の給付をなすべき義務を負わせる贈与です。
死因贈与（民554）	「自分が死んだら、この絵画をあげる。」というように、財産を贈与する者が死亡したときに効力が生ずる贈与です。

＜財産の移転形態と呼称等のまとめ＞

移転形態	移 転	あげる側	もらう側	移転時期	税 目
相 続	民 法	被相続人	相続人	死 亡	相続税
遺 贈	遺 言	遺贈者	受遺者		
贈 与	契 約	贈与者	受贈者	生 前	贈与税

*01) 贈与は財産の無償移転という点において相続や遺贈と類似していますが、相続や遺贈は被相続人や遺贈者の死亡という事実の発生によりその効力が生ずるのに対し、贈与は当事者間の契約によりその効力が生ずる点において異なっています。

6 死因贈与

1. 死因贈与の意義（民554）

贈与者の死亡により効力を生ずる贈与のことをいいます。

2. 取扱い

死因贈与については、効力の発生の時期に着目して、遺贈と同様に取り扱うこととされ、相続税の課税対象となります。*01)

*01) 贈与者が死亡しないと財産を取得することができないため、相続税の課税対象としています。なお、課税される金額は贈与時の価額ではなく、相続開始時の価額となります。

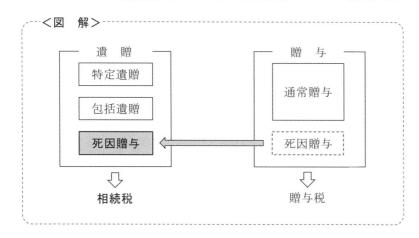

＜図　解＞

遺　贈		贈　与
特定遺贈		通常贈与
包括遺贈		
死因贈与	←	死因贈与
⇩		⇩
相続税		贈与税

＜例　題＞

被相続人甲は、生前「自分が死亡した場合には、配偶者乙に対し土地2,500万円を贈与する。」という贈与契約を締結していた。なお、土地の相続開始時の価額は2,000万円である。

＜解　答＞

配偶者乙　土　地（遺贈財産）　2,000万円

「死因贈与契約書」は、遺言書と同じようなものと理解しておけばOKです。

Section 2 相続人

相続人は、民法によってその範囲と順位が決められています。
このSectionでは、相続人の範囲及び相続順位について学習します。

2級 出題
3級

1 相続人の定義

3級 出題

相続人とは、被相続人の財産に属した一切の権利義務を承継する者のことをいい、以下のように大別されます。

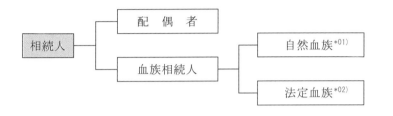

*01) 自然の血のつながりがある者（血縁関係者）です。

*02) 法律に基づいて血縁関係が認められる者（養子）です。

2 相続人の範囲と相続順位

3級 出題

民法に規定する相続人の範囲及び相続人の順位は次のとおりです。

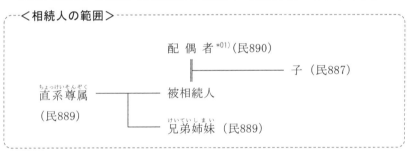

*01) 親族図の表記上、配偶者は二重線でつなげられます。なお、内縁関係の者や愛人などは二重線以外（点線等）でつなげられます。また、血族や姻族は単線でつなげられます。

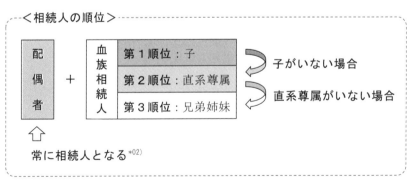

*02) 配偶者が先に死亡している場合や相続放棄をしている場合など、配偶者がいなければ、相続人は血族相続人だけとなります。

3 配偶者[*01]

(1) 配偶者とは正式な婚姻関係にある夫婦の一方を指し、内縁関係にある者は含みません。

(2) 配偶者は、常に血族相続人と同順位で相続人となります。

4 子（第1順位）

2級 出題　3級 出題

(1) 嫡出子…正式な婚姻関係のもとに生まれた子[*01]

(2) 非嫡出子…正式な婚姻関係外に生まれた子（いわゆる婚外子）

① 被相続人が認知[*02]していれば子として認められます。

② 遺言による認知も可能です。この場合、出生した日に遡って子としての身分を取得します。

(3) 養子…法律によって子と扱われる者

養子は、養子縁組[*03]の届出をした日から養親の嫡出子としての身分を取得します。なお、普通養子の場合には実親及びその血族との親族関係は消滅しません。

＜相続人となり得る子の範囲＞

〔嫡出子の場合〕

被相続人 ———— 子
配偶者

〔非嫡出子の場合〕

被相続人 ┈┈┈ 子(認知)
愛人(女性)

〔養子の場合〕

被相続人(実親) ———— 子
配偶者

（普通養子）[*04]

被相続人(養親) ———— 養子 ←
配偶者

---

*01) 正式な婚姻関係にある夫婦とは婚姻届を提出している夫婦を指しますが、相続時において死別・離婚していた場合には、相続人となることはできません。また、内縁関係にある者とは事実婚の場合を指します。

*01) 父母が離婚している場合でも親子間における血族関係はなくなりませんので、子は父と母それぞれの相続人となることができます。

*02) 認知とは通常、男性からの行為であり母は出産という事実があるため認知の必要はありません。

*03) 養子縁組には、普通養子と特別養子の2つがあり、普通養子の場合には、養親と養子の合意に基づく縁組の届出のみで成立しますが、特別養子の場合には、養親の請求により家庭裁判所が成立させるものです。なお、養子縁組の届出は、届出人である養親・養子の本籍地又は住所地の市区町村役所で行います。

*04) 普通養子の場合には、実親との親族関係は消滅しませんので、実親の相続人にも養親の相続人にもなることができます。

5 直系尊属（第2順位）

被相続人に相続人となり得る子がいない場合[01]には、被相続人の父母、祖父母などの直系尊属[02]が相続人となります。また、親等の異なる者の間では、親等の近い者を優先[03]して相続人とします。

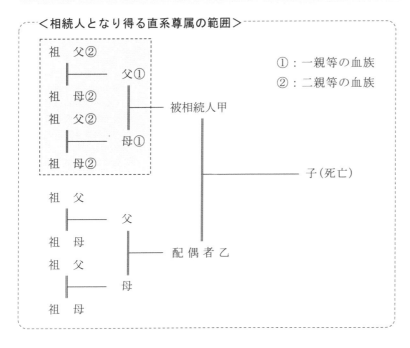

＜相続人となり得る直系尊属の範囲＞

①：一親等の血族
②：二親等の血族

[01]「子がいない場合」とは、子が相続開始以前に死亡している場合、相続放棄している場合などが該当します。

[02] 配偶者乙の父、母、祖父、祖母は被相続人の直系尊属ではありませんので相続人となることはできません。

[03] 例えば、左図において父①が相続開始以前に死亡、かつ、母①が相続を放棄している場合には一親等の直系尊属がいない状況となるため、次に親等の近い祖父②と祖母②が相続人となります。

6 兄弟姉妹（第3順位）

被相続人に、相続人となり得る子（第1順位）がおらず、さらに、相続人となり得る直系尊属（第2順位）もいない場合には、兄弟姉妹（第3順位）が相続人となります。

この場合に、父母の双方を同じくする兄弟姉妹を「全血兄弟姉妹」といい、父母のうち一方のみを同じくするにすぎない兄弟姉妹を「半血兄弟姉妹」といいます。[01]

[01] 全血半血を問わず、相続人となることができます。

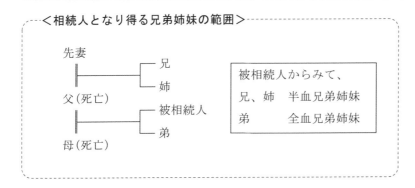

＜相続人となり得る兄弟姉妹の範囲＞

被相続人からみて、	
兄、姉	半血兄弟姉妹
弟	全血兄弟姉妹

7 代襲相続

2級 出題

　代襲相続とは、相続開始以前に相続人が死亡（同時死亡[*01]を含む。）その他の事由で相続権を失った場合に、その者の直系卑属がその者に代わりに相続人となる制度です。

(1) 代襲原因

① 相続開始以前の死亡

② 欠格又は廃除による相続権の喪失[*02]

（注）　相続放棄は代襲原因にはなりません。

(2) 代襲相続人

　子又は兄弟姉妹（被代襲者）が代襲原因に該当する場合

① 子（第1順位）が被代襲者である場合

→ 子の直系卑属（孫や曾孫など[*03]）が代襲相続人となります。

② 兄弟姉妹（第3順位）が被代襲者である場合

→ 兄弟姉妹の子（甥や姪）までが代襲相続人となります。

（注）1　養子の連れ子は被相続人の直系卑属でないため、代襲相続人となることはできません。→ ＜具体例2＞

　　　2　直系尊属（第2順位）には代襲制度はありません。[*04]

＜具体例1＞

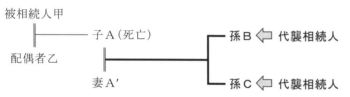

＜具体例2＞

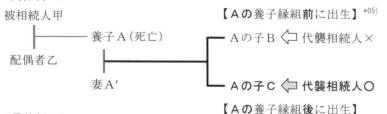

＜具体例3＞

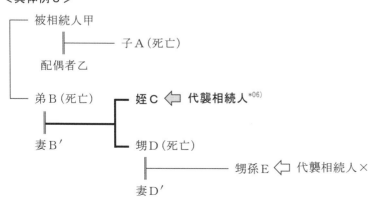

*01) 飛行機事故等で親子が同時死亡した場合には、互いの間に相続は起きないこととなり、親の相続において子は以前死亡として取り扱われます。

*02) 欠格とは、被相続人や他の相続人を死亡させるなど刑に処せられた者から相続権を剥奪する制度です。また、廃除とは、相続人となる者が被相続人に対して著しい非行を行った場合に、その被相続人が家庭裁判所に請求して相続人から除外することをいいます。

*03) 孫も死亡している場合には、曾孫がさらに代襲して相続人となります。（これを再代襲制度といいます。）

*04) 代襲とは上の世代から下の世代に世襲することであるため、上の世代である直系尊属には代襲制度はそぐわないということです。

*05) Aの養子縁組前に出生したBは、甲からすれば養子の連れ子です。したがって、甲とBの間には血族関係は生じないため、Bは代襲相続人にはなれません。

*06) 第3順位の血族相続人には再代襲制度はありませんので、代襲相続人は甥・姪までということになります。

【親族図】（親族の範囲は配偶者・６親等内の血族・３親等内の姻族です）

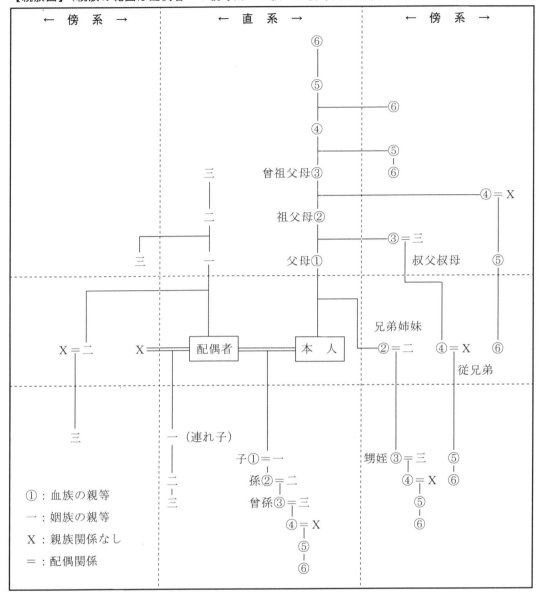

【用語の意義】

血　　　族	自己と血縁関係のある者をいう。
姻　　　族	婚姻関係を契機とする配偶者の血族および血族の配偶者をいう。
直　　　系	血筋が親子関係によって直接につながっている系統をいう。
直系尊属	直系のうち、自己を中心として父祖(上)の世代をいう。
直系卑属	直系のうち、自己を中心として子孫(下)の世代をいう。
直系血族	世代が直上直下に連なる血縁者をいう。

左の親族図のうち、一般的に相続人となりうる範囲として押さえておきたい人たちです。

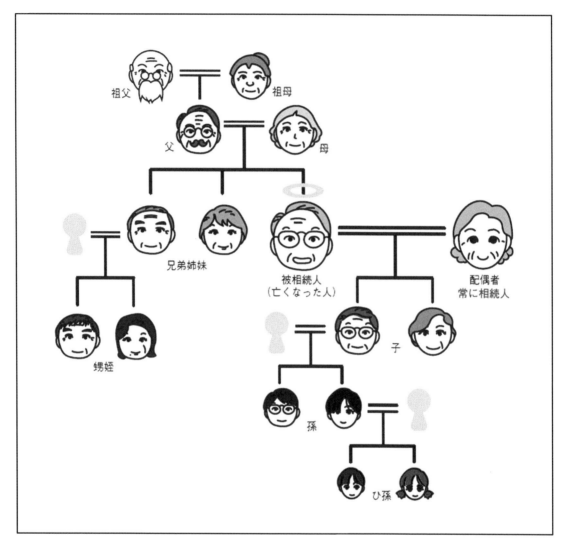

Chapter 1
Chapter 2
Chapter 3
Chapter 4
Chapter 5
Chapter 6
Chapter 7
Chapter 8
Chapter 9
参考資料

Section 3 相続分

相続分とは、各相続人が相続財産について相続すべき割合のことです。
このSectionでは、相続人の順位に応じた法定相続分を中心に学習します。

1 概　要（民898、899） 3級 出題

　　相続人が数人いるときは、相続財産は共有[*01]となり、各相続人は、その相続分に応じて被相続人の権利義務を承継します。

　　また、相続財産は相続人間の遺産分割協議により分割されることとなりますが、各相続人は、その分割がされるまでは相続財産に対して相続分に応じた持分を有していることになります。この相続分は、民法に規定されており、これを「法定相続分」といいます。

*01) 共有とは、一つの物全体を数人が所有している状態です。また、共有者の権利のことを持分といい、相続における共有者間（相続人）の持分の割合が法定相続分ということです。

2 法定相続分（民900） 3級 出題

　法定相続分とは、各相続人が被相続人から承継する原則的な相続分[*01]であり、民法第900条において次の割合を規定しています。

*01) 法定相続分が原則的な相続分の割合であるのに対し、被相続人が遺言で相続分の割合を指定することも可能です。これを「指定相続分」といいます。

1．配偶者と第1順位の血族相続人

相続人	相続分
配 偶 者	$\frac{1}{2}$	⇦ 優先[*02]
子	$\frac{1}{2}$	⇦ 残り

*02) 相続分は被相続人の配偶者から優先し、その相続分の残りを血族相続人に配分します。また、相続人の組み合わせにより配偶者の相続分の割合も変化します。

2．配偶者と第2順位の血族相続人

相続人	相続分
配 偶 者	$\frac{2}{3}$	⇦ 優先
父及び母	$\frac{1}{3}$	⇦ 残り

3．配偶者と第3順位の血族相続人

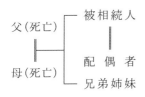

相続人	相続分
配 偶 者	$\frac{3}{4}$	⇦ 優先
兄弟姉妹	$\frac{1}{4}$	⇦ 残り

3 子、直系尊属又は兄弟姉妹が複数いる場合 〔3級 出題〕

同順位の血族相続人が複数人いる場合には、法定相続分を均分します。

＜具体例１＞ 第１順位の血族相続人の場合

① 先に乙の相続分 $\frac{1}{2}$ を決定

② 残り $\frac{1}{2}$ をA、B、Cで均分[*01]

各 $\frac{1}{2} \times \frac{1}{3} (= \frac{1}{6})$

*01) 実子と養子との間において相続分に差は生じません。

＜具体例２＞ 第２順位の血族相続人の場合

① 先に乙の相続分 $\frac{2}{3}$ を決定

② 残り $\frac{1}{3}$ を丙と丁で均分

各 $\frac{1}{3} \times \frac{1}{2} (= \frac{1}{6})$

＜具体例３＞ 第３順位の血族相続人の場合

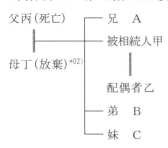

① 先に乙の相続分 $\frac{3}{4}$ を決定

② 残り $\frac{1}{4}$ をA、B、Cで均分

各 $\frac{1}{4} \times \frac{1}{3} (= \frac{1}{12})$

*02) 父は死亡、母は放棄のため、相続人となり得る直系尊属がいない場合に該当します。もし母が放棄していなければ、相続分は乙2/3、丁1/3となります。

4 非嫡出子の場合

➡ 相続人のうちに非嫡出子がいる場合でも、非嫡出子の相続分は嫡出子の相続分と同じです。[01]

＜具体例＞

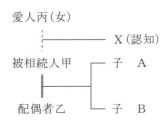

① 先に乙の相続分$\frac{1}{2}$を決定

② 残り$\frac{1}{2}$をX、A、Bで均分

各 $\frac{1}{2} \times \frac{1}{3}$ $\left(= \frac{1}{6}\right)$

[01] 最高裁は平成25年9月4日、民法の規定について「親が結婚していないという選択の余地がない理由で子に不利益を及ぼすことは許されない」として違憲判断を示しました。改正民法では、900条の中の「嫡出でない子の相続分は、嫡出である子の相続分の2分の1とする」との箇所が削除され、嫡出子と非嫡出子の相続分は均等となりました。

5 半血兄弟姉妹の場合

➡ 父母の一方のみを同じくする兄弟姉妹の相続分は、父母の双方を同じくする兄弟姉妹の相続分の半分とします。[01]

＜具体例＞

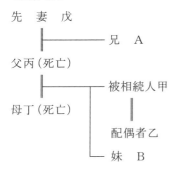

① 先に乙の相続分$\frac{3}{4}$を決定

② 残り$\frac{1}{4}$をA、Bで1：2で配分

A（半血） $\frac{1}{4} \times \frac{1}{3} \left(= \frac{1}{12}\right)$

B（全血） $\frac{1}{4} \times \frac{2}{3} \left(= \frac{1}{6}\right)$

[01] 半血兄弟姉妹（異母兄弟等）の相続分は、全血兄弟姉妹の相続分の半分ですから、半血兄弟姉妹のところには数字の1を、全血兄弟姉妹のところには数字の2をおくと相続分が判定しやすくなります。

6 代襲相続分 (民901)

2級 出題

代襲相続人の相続分は、相続人になるべきであった者(被代襲者)の相続分をそのまま承継します。ただし、複数の代襲相続人がいる場合には、その被代襲者の相続分を均分します。

<具体例1> 第1順位の場合

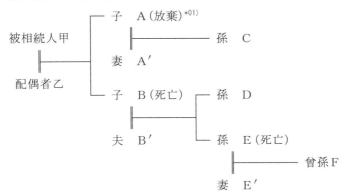

*01) 相続放棄は、代襲原因ではありません。

① 先に乙の相続分 $\frac{1}{2}$ を決定

② 残り $\frac{1}{2}$ をD、Fで均分

  各 $\frac{1}{2} \times \frac{1}{2} (= \frac{1}{4})$

<具体例2> 第3順位の場合

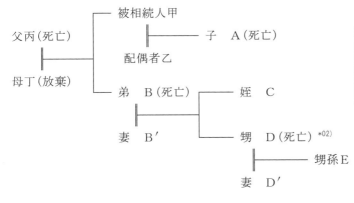

① 先に乙の相続分 $\frac{3}{4}$ を決定

② 残り $\frac{1}{4}$ はCのみ

*02) 第3順位の血族相続人には再代襲制度はありません。したがって、代襲相続分についても甥・姪までということになります。

(注) 直系尊属には代襲制度がありませんので、その代襲相続分も当然にありません。

相続人の順位と相続分のまとめです。

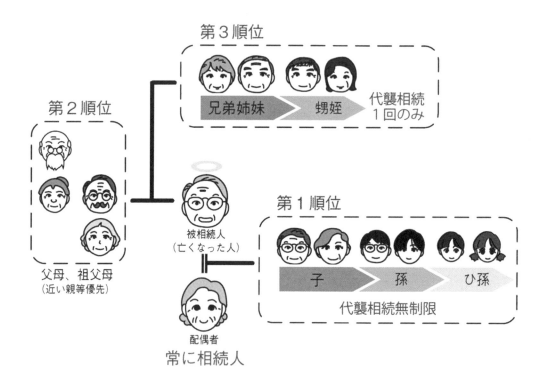

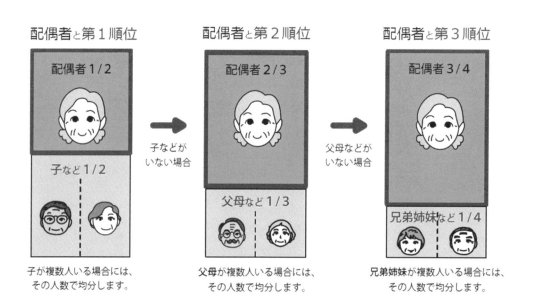

Chapter

3

相続税額の計算Ⅰ

Section

相続税の納税義務者と課税財産の範囲

被相続人から遺産を取得した者は、相続税の納税義務を負います。
このSectionでは、相続税の納税義務者を中心に学習します。

1 相続税の納税義務者の区分 　2級 出題　3級 出題

相続税の納税義務者は、相続又は遺贈（死因贈与を含みます。*01)）
により財産を取得した個人です。

また、その個人及び被相続人の住所・国籍の違いによって、以下
の４つの納税義務者の種類に区分されます。

*01）相続税の課税原因となる
　　死因贈与も含まれます。

＜納税義務者の判定フローチャート＞

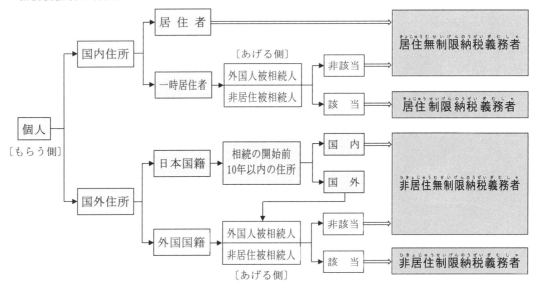

3級では、無制限納税義務者までが出題範囲です。
2級では、制限納税義務者も出題範囲となります。

【参 考】 相続税の納税義務者の意義 (法1の3)

納税義務者の区分	意 義
居住無制限納税義務者	相続又は遺贈により財産を取得した次に掲げる者であって、その財産を取得した時において法施行地に住所を有するもの (1) 一時居住者*02)でない個人 (2) 一時居住者である個人（被相続人が外国人被相続人*03)又は非居住被相続人*04)である場合を除く。）
非居住無制限納税義務者	相続又は遺贈により財産を取得した次に掲げる者であって、その財産を取得した時において法施行地に住所を有しないもの (1) 日本国籍を有する個人*05)であって次に掲げるもの ① 相続の開始前10年以内のいずれかの時において法施行地に住所を有していたことがあるもの ② 相続の開始前10年以内のいずれの時においても法施行地に住所を有していたことがないもの（被相続人が外国人被相続人又は非居住被相続人である場合を除く。） (2) 日本国籍を有しない個人（被相続人が外国人被相続人又は非居住被相続人である場合を除く。）
居住制限納税義務者	相続又は遺贈により法施行地にある財産を取得した個人でその財産を取得した時において法施行地に住所を有するもの（居住無制限納税義務者を除く。）
非居住制限納税義務者	相続又は遺贈により法施行地にある財産を取得した個人でその財産を取得した時において法施行地に住所を有しないもの（非居住無制限納税義務者を除く。）

*02) 一時居住者とは相続開始の時において在留資格を有する者（外国国籍を有する者）でその相続の開始前15年以内において法施行地に住所を有していた期間の合計が10年以下であるものをいいます。

*03) 外国人被相続人とは相続開始の時において在留資格を有し、かつ、法施行地に住所を有していた被相続人をいいます。

*04) 非居住被相続人とは相続開始の時において法施行地に住所を有していなかった被相続人で、次のものをいいます。
①その相続の開始前10年以内のいずれかの時において法施行地に住所を有していたことがあるもののうちそのいずれの時においても日本国籍を有していなかったもの
②その相続の開始前10年以内のいずれの時においても法施行地に住所を有していたことがないものをいいます。

*05) 日本国籍を有する個人には、日本国籍と外国国籍を併有する重国籍者も含みます。例えば、アメリカ人の男性と結婚した日本人女性がアメリカで子どもを出産した場合、子は日本国籍とアメリカ国籍の二重国籍となります。なお、日本は「国籍単一」の原則により一定の期限までにどちらかの国籍を選択する決まりとなっています。

一時居住者や外国人被相続人とは、日本滞在の外国人を対象とした納税義務の話ですので、参考程度で結構です。

2 財産の所在 (法10)

1. 概　要

　　無制限納税義務者は取得したすべての財産について相続税又は贈与税が課税されますが、制限納税義務者は取得した法施行地にある財産にのみ相続税又は贈与税が課税されます。つまり、その取得した財産が法施行地にあるかどうかによって課税対象の範囲が異なることとなります。そこで、相続税法では財産の種類別に財産の所在を規定しています。

2. 財産の種類に応じた各所在

財　産　の　種　類	財　産　の　所　在
動産・不動産等	その動産、不動産の所在
預貯金等	預貯金等の受入れをした営業所又は事業所の所在
保険金 [01]	その保険契約に係る保険会社等の本店等（法施行地に本店等がない場合には、法施行地にある契約事務を行う営業所等。退職手当金等において同じ。）の所在
退職手当金等 [01]	退職手当金等を支払った者の住所又は本店等
貸付金債権 [02]	その債務者の住所又は本店若しくは主たる事務所の所在
営業上・事業上の権利 [02]	営業所又は事業所の所在
社債・株式又は出資	発行法人の本店又は主たる事務所の所在
国債・地方債	法施行地
外国債・外国地方債	外国

*01) 外資系の保険会社との契約により受取る保険金や外資系の企業で勤務していた者が支給を受ける退職金でも国内財産に該当します。

*02) 貸付金債権には、融通手形による貸付金を含み、売上債権（受取手形や売掛金）については課税時期から6月以内に返済期限が到来する短期回収可能な売上債権が除かれます。つまり、短期（6月以内）のものは営業上・事業上の権利に、長期（6月超）のものは貸付金債権に該当します。

国内財産

国外財産

お金や建物などの動産・不動産は、各々の所在地で国内財産か国外財産か判断します。

3 相続税の課税財産の範囲（法2）

2級 出題　3級 出題

1. 納税義務者の区分と課税財産の範囲*01)

納税義務者の区分		課税財産の範囲
個人	居住無制限納税義務者	無制限納税義務者	取得した**すべての財産**
	非居住無制限納税義務者		
	居住制限納税義務者	制限納税義務者	取得した**国内財産**
	非居住制限納税義務者		

*01) 人や物が自由に行交うことができるようになった国際社会において、住所や財産を海外に移すことによる課税回避が問題となっていましたが、税制改正を繰り返しながら無制限納税義務者の範囲を徐々に拡大することでその問題を解消してきました。その結果、現在では無制限納税義務者に該当する場合がほとんどです。

【参 考】相続税の課税財産の範囲（日本人に限定した場合）

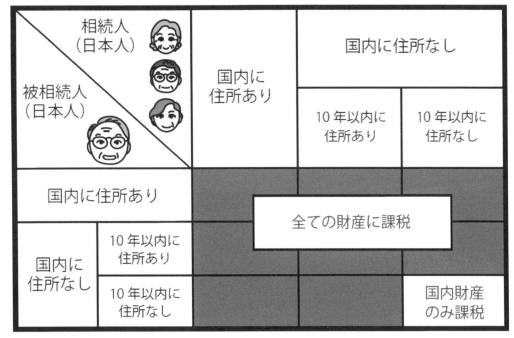

相続税の納税義務者の区分と課税財産の範囲を理解するためには、まず日本人に限定して整理するとよいでしょう。

表のとおり、被相続人や相続人の住所が国内・国外関係なく、ほとんどのケース（グレーの部分）において取得した全ての財産に課税されてしまいます。

ただし、被相続人と相続人の両方が相続開始前10年以内において国内に住所を有していなかった場合だけは、取得した国内財産のみに課税されます。

　　日本国籍を有する被相続人甲（死亡時の住所：日本）の相続人等が相続又は遺贈により取得した財産は次のとおりである。各相続人等の納税義務者の区分を示すとともに課税財産の金額を求めなさい。なお、被相続人甲は死亡前において外国に住所を有したことはない。

⑴　配偶者乙

　　配偶者乙は日本国籍を有する者で、被相続人甲の死亡時において日本に住所を有していた。

　　土　地（国内財産）　　　　40,000千円

　　建　物（国内財産）　　　　12,000千円

　　預　金（国外財産）　　　　　8,000千円

⑵　子　A

　　子Aは日本国籍を有する者で、被相続人甲の死亡時においてアメリカに住所を有していた。

　　なお、子Aは被相続人甲死亡の5年前からアメリカに住所を有しており、それ以降、日本に住所を有したことはない。

　　日本国債（国内財産）　　　　5,000千円

　　株　　式（国外財産）　　　10,000千円

⑶　友人B

　　友人Bは日本国籍を有する者で、被相続人甲の死亡時においてカナダに住所を有していた。

　　なお、友人Bは被相続人甲死亡の12年前からカナダに住所を有しており、それ以降、日本に住所を有したことはない。

　　絵　画（国内財産）　　　　　3,000千円

　　別　荘（国外財産）　　　　15,000千円

解　答

（単位：千円）

相続人等	納税義務者の区分	課税財産の金額
配偶者乙	居住無制限納税義務者	40,000＋12,000＋8,000＝60,000
子　A	非居住無制限納税義務者	5,000＋10,000＝15,000
友人B	非居住無制限納税義務者	3,000＋15,000＝18,000

解　説

①　被相続人甲の死亡時（相続開始時）において日本に住所を有していた配偶者乙は、居住無制限納税義務者に該当し、取得したすべての財産に課税されます。

②　相続開始時において外国に住所を有していた子Aは、相続開始前10年以内に日本に住所を有していたことがあるため、非居住無制限納税義務者に該当し、取得したすべての財産に課税されます。

③　相続開始時において外国に住所を有していた友人Bは、相続開始前10年以内に日本に住所を有していたことはありませんが、被相続人甲が相続開始前10年以内に日本に住所を有していたことから、非居住無制限納税義務者に該当し、取得したすべての財産に課税されます。

日本国籍を有する被相続人甲（死亡時の住所：オーストラリア）の相続人等が相続又は遺贈により取得した財産は次のとおりである。各相続人等の納税義務者の区分を示すとともに課税財産の金額を求めなさい。なお、被相続人甲は死亡の15年前からオーストラリアに住所を有しており、それ以降、日本に住所を有したことはない。

⑴　配偶者乙

　　配偶者乙は日本国籍を有する者で、被相続人甲の死亡時において日本に住所を有していた。

　　土　　地（日本に所在）　　　　　50,000千円

　　建　　物（日本に所在）　　　　　25,000千円

　　預　　金（外国支店に預入）　　　5,000千円

⑵　子　Ａ

　　子Ａは日本国籍を有する者で、被相続人甲の死亡時においてアメリカに住所を有していた。

　　なお、子Ａは被相続人甲死亡の12年前からアメリカに住所を有しており、それ以降、日本に住所を有したことはない。

　　株　　式（日本に本店所在）　　　5,000千円

　　株　　式（外国に本店所在）　　　12,000千円

　　日本国債　　　　　　　　　　　　20,000千円

　　アメリカ国債　　　　　　　　　　3,000千円

解　答
（単位：千円）

相続人等	納税義務者の区分	課税財産の金額
配偶者乙	居住無制限納税義務者	50,000＋25,000＋5,000＝80,000
子　Ａ	非居住制限納税義務者	5,000＋20,000＝25,000

解　説

①　相続開始時において日本に住所を有していた配偶者乙は、居住無制限納税義務者に該当し、取得したすべての財産に課税されます。

　　なお、預金は預け入れをした営業所等の所在で判断することから、国外財産に該当します。

②　相続開始時において外国に住所を有していた子Ａは、相続開始前10年以内に日本に住所を有していたことがなく、かつ、被相続人甲についても相続開始前10年以内に日本に住所を有していたことがない（被相続人甲は「非居住被相続人」に該当）ことから、非居住制限納税義務者に該当し、国内財産にのみ課税されます。

　　なお、株式は発行会社本店の所在地により、国債は発行国により判断することから、日本に本店が所在する株式及び日本国債は国内財産、外国に本店が所在する株式及びアメリカ国債は国外財産に該当します。

2 相続税の課税価格

相続税の課税価格とは、財産を取得した者ごとに集計した課税金額です。
このSectionでは、相続税の課税価格の各計算項目について学習します。

1 相続税の課税価格の概要*01)　3級 出題

　相続税の課税価格を計算するには、相続や遺贈等により取得した
財産のほかに、生命保険金などのみなし相続財産と呼ばれるものも
加えていきます。それらの財産のうち、非課税とされる財産を除き、
さらに、相続により承継した債務（実際には負担した債務や葬式費
用）を控除した金額が相続税の課税価格となります。

　なお、課税価格とは税金計算上の課税標準とされる金額のことで、
基本的な税金計算のルールとして、課税標準に税率を乗じて税額を
計算することになります。この場合、課税標準である課税価格につ
いては、千円未満の端数を切り捨てます。

*01) 相続税の課税価格は、財産の取得者ごとに集計していきます。最終的に課税価格が多い人は税額も多くなり、課税価格が少ない人は税額も少なくなります。

≪課税価格までの計算の流れ≫*02)

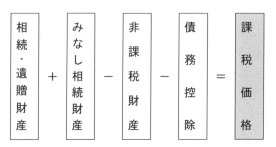

*02) 各計算の項目については、このSectionで順次学習していきます。また、課税価格の計算にはその他の計算項目もありますが、Chapter 7 以降で追加学習します。

2 相続・遺贈財産（法22）　3級 出題

　相続又は遺贈により取得した財産については、その財産を評価した
金額（これを「価額」といいます。）に基づいて課税価格を計算します。

　また、この価額は、相続開始時における時価*01)によることとされて
いますが、土地や上場株式の場合には、相続税法財産評価基本通達に
定められた方法によって計算した金額（これを「相続税評価額」といい
ます。）を用いることとなります。

*01) ここでいう時価とは一般的な時価ではなく、相続税評価額（相続税の計算における独自の時価）のことをいい、詳細についてはChapter 9 で学習していきます。

3 みなし相続財産

1．生命保険金等の課税関係

　死亡保険金は民法における相続の効果として取得するのではなく、保険会社との契約に基づいて取得するものであることから、そもそも相続財産には該当しないため、本来は課税対象から除かれるべき財産といえます。しかし、死亡保険金を取得した者と取得しなかった者との税負担公平の見地から死亡保険金を相続財産とみなして相続税が課税されることとなっています。

　なお、この生命保険金のことを「みなし相続財産」と呼んでいます。

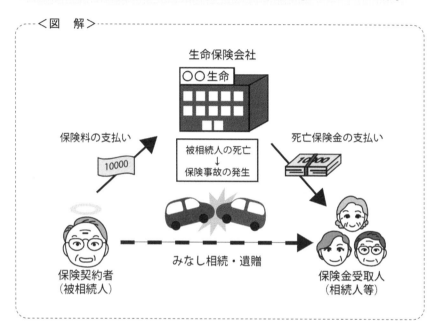

＜図　解＞

<生命保険契約に関する用語>

被 保 険 者	保険事故の対象者でその者の死亡等[01]が保険事故とされている者です。
保険契約者	保険契約の当事者で保険会社と保険契約を締結し、保険料の支払い義務を負う者です。
保険料負担者	保険料を支払う者[02]です。
保険金受取人	保険事故に基づく保険契約の履行により保険金を受け取る者又は保険金請求権を有する者です。

*01）死亡以外にも満期となった場合に保険金が支払われる契約もあります。この場合には被保険者の死亡ではないので贈与税や所得税が発生します。

*02）保険料は原則として契約者が負担すべきものですが、実際には契約者以外の者が保険料を負担するケースもあります。

2．生命保険金等の課税要件等（法3①一）

項　　　目	内　　　　　　　容
課 税 要 件	(1)　被相続人の死亡*03) (2)　生命保険契約又は損害保険契約の死亡保険金を取得した場合
課税対象者	保険金受取人
課 税 財 産	$\text{保険金} \times \dfrac{\text{被相続人が負担した保険料}^{※}}{\text{被相続人の死亡の時までに払い込まれた保険料の全額}}$
取 得 原 因	相続又は遺贈*04)により取得したものとみなす

*03) 保険をかけられた被相続人が死亡した場合に死亡保険金が支払われます。つまり、被保険者が被相続人である保険契約が課税対象です。

*04) 保険金受取人が相続の放棄をした場合でも保険契約によりその保険金受取人に対し保険金が支払われます。この場合には「みなし遺贈」として課税されます。

※　死亡保険金であっても保険金受取人が保険料を負担している部分には所得税、第三者が負担している部分には贈与税が課税されます。

＜例　題＞

次の資料により保険金の受取人に対する課税関係を答えなさい。

1　被相続人甲の相続人等の状況は次のとおりである。

被相続人甲

├──── 子Ａ（放棄）

配 偶 者 乙

2　被相続人甲に関する生命保険契約は、次の表のとおりである。

被 保 険 者	契 約 者	受 取 人	保 険 金 額	保 険 料
被相続人甲	被相続人甲	配 偶 者 乙	30,000千円	6,000千円

（注）　保険料は被相続人甲が3,000千円、配偶者乙が2,000千円及び子Ａが1,000千円負担している。

＜解　答＞　　　　　　　　　　　　　　　　　（単位：千円）

(1)　被相続人甲負担部分

$$30,000 \times \frac{3,000}{3,000+2,000+1,000} = 15,000 \ \Rightarrow \ 相続税$$

(2)　配偶者乙負担部分

$$30,000 \times \frac{2,000}{3,000+2,000+1,000} = 10,000 \ \Rightarrow \ 所得税$$

(3)　子Ａ負担部分

$$30,000 \times \frac{1,000}{3,000+2,000+1,000} = 5,000 \ \Rightarrow \ 贈与税$$

＜保険料負担者＞		＜課税関係＞ *05)
被相続人	→	相 続 税
受 取 人	→	所 得 税
被相続人・受取人以外	→	贈 与 税

*05) 保険料負担者の違いにより相続税や所得税、贈与税のいずれかを負担することになりますが、試験の出題では被相続人が保険料の全部又は一部を負担していることが前提となります。

死亡保険金に対してかかる税金の種類は、保険料負担者が誰かによって異なります。
なお、非課税があるのは相続税の計算のときだけです。

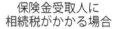

	保険金受取人に 相続税がかかる場合	保険金受取人に 所得税がかかる場合	保険金受取人に 贈与税がかかる場合
保険料 負担者 （契約者）	夫	妻	妻
被保険者	夫（死亡）	夫（死亡）	夫（死亡）
保険金 受取人	妻　非課税枠を超えた額が課税対象額	妻	子

Chapter 1

Chapter 2

Chapter 3

Chapter 4

Chapter 5

Chapter 6

Chapter 7

Chapter 8

Chapter 9

参考資料

3. 生命保険金等の非課税

　生命保険金等については、被相続人の死亡後における相続人等の生活安定等を考慮し、一定の金額まで非課税としています。

⑴　対象者

相続人のみ[*06]

　（注）　相続人とは「相続の放棄をした者及び相続権を失った者を含まない民法上の相続人」のことです。

⑵　非課税限度額

500万円×法定相続人の数

　（注）　法定相続人の数とは「相続の放棄があった場合でもその放棄がなかったものとした場合における相続人の数」のことで、民法上の相続人の数とは違う、税金計算上の公平を目的とした税法上の相続人の数です。

<具体例>[*07]

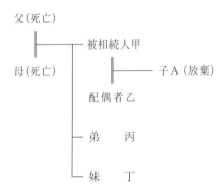

民法上	税法上
配偶者乙	配偶者乙
弟　丙	子　　A
妹　丁	
合計3人	合計2人

<生命保険金等の非課税限度額>
　5,000千円×2人（**法定相続人の数**）＝10,000千円

⑶　各人の非課税金額

①　相続人の取得した生命保険金等の合計額が非課税限度額以下の場合

➡　その相続人の取得した生命保険金等の全額が非課税です。

②　相続人の取得した生命保険金等の合計額が非課税限度額を超える場合

➡　非課税限度額を各相続人が取得した生命保険金等の割合であん分します。

非課税限度額　×　$\dfrac{\text{各相続人の取得した保険金等の合計額}^{[*08]}}{\text{すべての相続人が取得した保険金等の合計額}}$

*06) 保険金受取人が相続を放棄した場合でも、保険契約に基づいて保険会社からその相続放棄者に対し保険金は支払われますが、相続人ではないため非課税の適用を受けることはできません。

*07) 生命保険金等の非課税限度額の計算について「民法上」の相続人の数とした場合には、子Aの相続放棄により相続人の数が3人となり、非課税限度額が500万円分増えます。このように、相続放棄を利用した税負担の軽減を防止するため、本来の相続人ともいうべき相続の放棄者を含めた税法上の相続人の数を用いることにしています。

*08) 1人の相続人が複数の保険金を受け取った場合には、その合計額となります。

次の資料により、各人の生命保険金等の非課税金額を計算しなさい。

1　被相続人甲の相続人等の状況は次のとおりである。

被相続人甲 ── 子Ａ

── 子Ｂ（放棄）

配 偶 者 乙 ── 子Ｃ

2　被相続人甲の死亡に伴い相続人等が取得した生命保険金等は次のとおりであり、保険料はすべて被相続人甲が負担していた。

⑴　配偶者乙　50,000千円

⑵　子　　Ａ　40,000千円

⑶　子　　Ｂ　30,000千円

⑷　子　　Ｃ　10,000千円

解 答　　　　　　　　　　　　　　　　　　　　　　　　　　　　　　　（単位：千円）

⑴　非課税限度額

$5,000 \times 4$ 人 $= 20,000$

⑵　相続人が取得した保険金等の合計額

配偶者乙：50,000 ⎤
子　　Ａ：40,000 ⎬ 合計　100,000
子　　Ｃ：10,000 ⎦

⑶　非課税金額

⑴＜⑵　∴　20,000

配偶者乙 ⎤
子　　Ａ ⎬ $20,000 \times$ ⎰ $\dfrac{50,000}{100,000} = 10,000$
子　　Ｃ ⎦ 　　　　　　　 $\dfrac{40,000}{100,000} = 8,000$
　　　　　　　　　　　　　 $\dfrac{10,000}{100,000} = 2,000$

子Ｂは相続人でないため適用なし

解 説

①　子Ｂは相続の放棄をしていますが、非課税限度額を算定する際には法定相続人の数を用いるため、放棄がなかったものとした場合における相続人の数となることから、子Ｂも含めて法定相続人の数は、4人となります。

②　相続を放棄している子Ｂは、相続人ではないため非課税の適用はありません。

　　なお、非課税金額の計算上、子Ｂの取得した保険金額は相続人が取得した保険金等の合計額にも含めませんので、注意してください。

4．退職手当金等の課税関係

　　死亡退職により勤務会社から遺族が受取る死亡退職金についても、死亡保険金と同様に民法上における相続の効果として取得するもの[09]ではありませんが、死亡退職金を取得した者と取得しなかった者との税負担公平の見地から死亡退職金を相続財産とみなして相続税が課税されることとなっています。

　　なお、この死亡退職金のことも「みなし相続財産」と呼んでいます。

[09] 勤務会社との規程に基づいて取得するものであることから、そもそも相続財産には該当しないため、本来は課税対象から除かれるべき財産といえます。

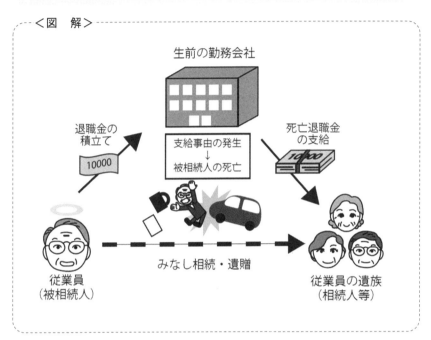

＜図　解＞

生前の勤務会社

退職金の積立て
10000

支給事由の発生
↓
被相続人の死亡

死亡退職金の支給
10000

従業員
（被相続人）

みなし相続・遺贈

従業員の遺族
（相続人等）

5．退職手当金等の課税要件等（法3①二）

項　　目	内　　　　容
課　税　要　件	(1)　被相続人の死亡 (2)　被相続人の死亡後3年以内に支給が確定した退職手当金等を取得した場合
課税対象者	退職手当金等を取得した者[10]
課　税　財　産	退職手当金等として支給を受けた金額
取　得　原　因	相続又は遺贈により取得したものとみなす

[10] 会社の支給規程等により、配偶者が退職金を受け取ることが一般的といえます。

(1) 死亡退職と生前退職

　被相続人の死亡後3年以内に支給が確定した退職手当金等とは、被相続人の死亡後3年以内に支給額が確定したものをいい、実際の支給時期がその死亡後3年以内であるかどうかは問いません。

　なお、課税対象となる退職金は原則として「死亡退職金」ですが、「生前退職金」であっても支給金額の確定が被相続人の死亡後3年以内であるものは、「みなし相続財産」として課税されます。

＜死亡退職で死亡後3年以内に支給額が確定した退職手当金＞*11)

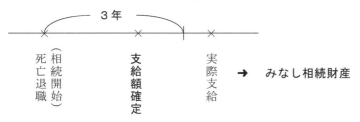

*11) 支給することが確定していても、支給額が確定していないものは除きます。なお、3年を超えて支給額が確定した場合には所得税が課税されます。

＜生前退職で死亡後に支給額が確定した退職手当金*12)＞

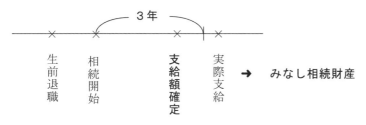

*12) 相続税が課税される場合は原則として死亡退職金ですが、生前退職金であっても支給額が死亡後3年以内に確定した場合に限り、同じく相続税が課税されます。

＜生前退職で死亡前に支給額が確定した退職手当金*13)＞

*13) 生前退職で、相続開始前に支給額が確定していれば、預貯金などと同じく本来の相続財産（被相続人の遺産）となります。

＜まとめ＞

	支給額の確定時期	区　分
死亡退職	3年以内に支給額が確定	みなし相続財産*14)
生前退職	死亡後3年以内に支給額が確定	みなし相続財産*14)
	死亡前に支給額が確定	本来の相続財産

*14) 「みなし相続財産」に区分されたものは非課税の適用を受けることができます。
　☞次ページ

(2) 本来の相続財産

　被相続人が受けるべきであった賞与で被相続人の死亡後確定したもの（未収賞与）又は相続開始時に支給期の到来していない給料等（未収給与）は、本来の相続財産に該当し、相続税が課税されます。

6. 弔慰金等

被相続人の死亡により、相続人等が被相続人の雇用主から受ける弔慰金、花輪代、葬祭料等については、原則として課税されません。

⑴ 実質的に退職手当金等に該当するもの

退職手当金等は、名義を問わず実質で判定します。したがって、実質的に退職手当金等に該当するものは、弔慰金等から除外して退職手当金等として課税します。

⑵ ⑴で判定できないもの

次の金額を課税されない弔慰金等とし、その残額は退職手当金等として課税します。

① 被相続人の死亡が業務上の死亡※の場合

賞与以外の普通給与[15]×３年分	➡ 課税対象外

② 被相続人の死亡が業務上以外の死亡の場合

賞与以外の普通給与[15]×６月分	➡ 課税対象外

※ 業務上の死亡とは、直接業務に起因する死亡又は業務と相当因果関係があると認められる死亡をいいます。[16]

⑶ ２以上の勤務会社から弔慰金等の支給を受けた場合

弔慰金等の支払をする雇用主(会社)ごとに判定し計算をします。

7. 退職手当金等の非課税[17]

退職手当金等については、被相続人の死亡後における相続人等の生活安定等を考慮し、一定の金額まで非課税としています。

⑴ 対象者

相続人のみ

⑵ 非課税限度額

500万円×法定相続人の数

⑶ 各人の非課税金額

① 相続人の取得した退職手当金等の合計額が非課税限度額以下の場合

➡ その相続人の取得した退職手当金等の全額が非課税です。

② 相続人の取得した退職手当金等の合計額が非課税限度額を超える場合

➡ 非課税限度額を各相続人が取得した退職手当金等の割合であん分します。

$$非課税限度額 \times \frac{各相続人の取得した退職手当金等の合計額}{すべての相続人が取得した退職手当金等の合計額}$$

*15) 俸給、給料、賃金、扶養手当、勤務地手当、特殊勤務地手当等の合計額となります。

*16) 通勤途中の事故により死亡した場合も、業務上の死亡に該当します。

*17) 退職手当金等の非課税計算も生命保険金等の非課税と同じです。

以下の資料により、退職手当金等の課税金額を計算しなさい。

1　被相続人甲の相続人等の状況は次のとおりである。

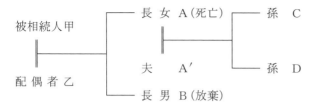

（注）1　被相続人甲及び相続人等はすべて日本国内に住所を有している。

　　　2　長男Bは、被相続人甲の死亡に係る相続について、適法に相続の放棄をしている。

2　被相続人甲の死亡退職により、被相続人甲が生前に勤務していたX株式会社から次の金額が配偶者乙に対して支払われている。なお、被相続人甲の死亡は業務上の死亡には該当しない。また、被相続人甲に係る相続開始時における賞与以外の普通給与の月額は500千円である。

⑴　退職手当金　　25,000千円

⑵　弔慰金　　　　 4,000千円

解　答　　　　　　　　　　　　　　　　　　　　　　　　　　　　　　　　（単位：千円）

1　退職手当金等の金額

　　　$25,000 + 4,000 - ^※3,000 = 26,000$

　　※　弔慰金等の判定

　　　　　$4,000 > 500 \times 6月 = 3,000$　∴　3,000

2　非課税金額

⑴　非課税限度額

　　　$5,000 \times 4人 = 20,000$

⑵　相続人が取得した退職手当金等の合計額

　　　配偶者乙：26,000

⑶　非課税金額

　　　⑴＜⑵　∴　$20,000 \times \dfrac{26,000}{26,000} = 20,000$

3　課税金額

　　　$26,000 - 20,000 = 6,000$

4 相続税の非課税財産 (法12)

相続税の課税対象となる財産の中には、その財産の性質や社会政策的な見地、国民感情などから見て、課税対象とすることが適当でない財産があります。

したがって、このような財産を相続税の課税価格に算入しない旨の規定を設けています。

1. 皇室経済法の規定により皇位とともに皇嗣が受けた物 *01)

理　由

憲法上の特殊な地位に随伴するもので、私的なものと異なり自由に処分できない性質のものだからです。

2. 墓所、霊びょう及び祭具並びにこれらに準ずるもの

理　由

祖先崇拝の慣行を尊重する意味と日常礼拝の用に供されているものを課税対象とすることに対する国民感情を考慮したものです。

ただし、商品、骨とう品又は投資の対象として所有するもの *02)は課税の対象となります。

*01) 三種の神器などです。三種の神器とは、天皇の地位の標識として、歴代の天皇が受け継いだ三つの宝物。八咫鏡（やたのかがみ）、草薙剣（くさなぎのつるぎ）、八尺瓊勾玉（やさかにのまがたま）をいいます。

*02) 例えば、金の仏像が銀行の貸金庫に保管されていたという場合には課税対象です。

<例　題>

被相続人の死亡により、配偶者乙が取得した相続財産は以下のとおりである。この場合の相続税の課税価格に算入される金額を求めなさい。

土　地	30,000千円	建　物	15,000千円
墓　地	4,000千円	仏　像	20,000千円
墓　石	1,000千円	仏　壇	500千円

※　上記の仏像は、銀行の貸金庫に保管されているものである。

<解　答>

30,000千円(土地)＋15,000千円(建物)＋20,000千円(仏像)＝65,000千円

※　墓地、墓石及び仏壇は相続税の非課税

3．公益事業用財産

理　由

　公共性の高い民間公益事業の特殊性を考慮してその保護育成の見地から設けられています。

⑴　宗教、慈善、学術その他公益を目的とする事業を行う者が相続又は遺贈により取得した財産*03)でその公益を目的とする事業の用に供することが確実なものです。

⑵　課税価格に算入される場合

　その財産を取得した者がその財産を取得した日から2年を経過した日*04)において、なおその財産をその公益を目的とする事業の用に供していない場合には、取得時の価額で相続税の課税価格に算入し、計算のやり直しを行います。*05)

<図　解>

*03) 幼稚園教育用財産（園舎・運動場など）が挙げられます。

*04) 2年を「経過する日」と「経過した日」では1日異なります。例えば、令和6年5月1日を起算日とした場合、2年を経過する日は令和8年4月30日となり、2年を経過した日は令和8年5月1日となります。

*05) 非課税を利用した節税対策を防止するためです。なお、非課税取消者には延滞税や加算税も課せられます。

4．心身障害者共済制度に基づく給付金の受給権

理　由

　条例の規定によりその範囲が限定されていること及び受給権の性格が心身障害者を扶養するためのものであることを考慮して設けられています。

<図　解>

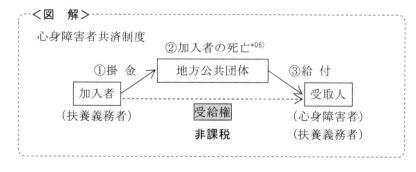

*06) 加入者が死亡した場合には、受取人が受益権を相続又は遺贈により取得したものとみなして相続税を課税しますが、それを非課税としています。

5．生命保険金等及び退職手当金等の非課税

　上記③の3及び7で学習した非課税金額です。

5 債務控除 (法13、14)

1. 概　要

　　相続税は、相続人が取得した財産から、その相続人が承継した債務を控除した正味財産に対して課税されます。

　　課税価格の計算上、控除できる債務の範囲は、納税義務者の区分により異なります。また、控除できる債務の金額は、その相続人が実際に負担した部分の債務の金額に相当する部分の金額*01) となります。

　　なお、葬式費用は被相続人から承継すべき債務とは異なり、本来、遺族が負担すべきものであって、課税価格の計算上控除できないものと考えられますが、相続開始に伴い必然的に生ずる費用であり、社会通念上も必要な経費として認められていることから債務と同様に控除が認められています。

*01) 本来、相続分や包括遺贈の割合に応じた債務の金額により税額計算をすべきですが、実際に負担した債務の金額に基づき税額計算することが認められています。

2. 債務控除の適用対象者

債　　務	相続人・包括受遺者
葬式費用	相続人・包括受遺者＋相続放棄者*02)

*02) 相続放棄者であっても葬式費用を負担した場合には、その負担額を控除することができます。

＜債務控除の適用対象者＞

⑴「**相続人**は、相続開始の時から、被相続人の財産に属した一切の権利・**義務**を承継する。」

⑵「**包括受遺者**は、相続人と同一の権利・**義務**を有する。」

　　⇨　相続人と包括受遺者 ➡ 債務控除の適用対象者です。

＜葬式費用の控除対象者＞

〔葬式費用の負担額が確定*03) している場合〕

被相続人甲 ━┳━ 子　A
　　　　　　　┣━ 子　B
配偶者乙 ━━┻━ 子　C（相続放棄）

⑴　相続人の場合：乙、A、Bは葬式費用の負担額を控除できる

⑵　相続放棄者の場合：Cも葬式費用の負担額を控除できる

*03) 葬式費用の負担額が未確定の場合や相続人等の一人が立替払いをしていた場合には、相続人が相続分で負担したものとして債務控除額を計算します。

3．債務控除の範囲

(1) 無制限納税義務者の場合

① 被相続人の債務で相続開始の際現に存するもの（公租公課を含む。*04)）

② 葬式費用

(2) 制限納税義務者の場合

被相続人の債務のうち課税対象となった国内財産に係る債務のみを原則として控除対象としています。

① その財産に係る公租公課*05)

② その財産を目的とする留置権*06)等で担保される債務

③ その財産の取得・維持・管理のために生じた債務*07)

④ その財産に関する贈与の義務

⑤ 法施行地にある営業所、事業所に係る営業上又は事業上の債務

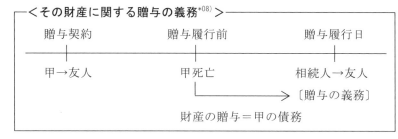

＜その財産に関する贈与の義務*08)＞

＜納税義務者の区分に応じた債務控除の範囲のまとめ＞

納税義務者の区分		控除できる債務の範囲
無制限納税義務者	居住無制限納税義務者	・被相続人の債務（公租公課を含む）
	非居住無制限納税義務者	・葬式費用
制限納税義務者	居住制限納税義務者	・取得した国内財産に係る債務
	非居住制限納税義務者	・被相続人の国内事業上の債務

4．控除が認められない債務

次の非課税財産の取得等により生じた債務は、債務控除ができません。

(1) 墓所、霊びょう及び祭具並びにこれらに準ずるもの

(注) 被相続人の生存中に墓地*09)を購入し、その代金の未払いがある場合、この未払代金は債務控除ができません。

墓 地	➡	墓地購入未払金
（非 課 税）		（債務控除は認められない）

(2) 公益を目的とする事業を行う者が相続又は遺贈により取得した財産でその公益を目的とする事業の用に供することが確実なもの*10)

*04) 被相続人に係る所得税や住民税なども債務控除の対象となります。詳細はこの後学習します。☞57ページ

*05) 例えば、不動産に係る固定資産税などです。

*06) 例えば、車の修理を依頼された自動車整備会社は車の所有者が修理代金を支払うまでは留置権に基づいて、修理した車の返還を拒絶することができます。

*07) その財産の未払取得代金、未払修繕費、未払管理人賃金などが該当します。

*08) 相続人は友人に対する贈与の義務を承継し、その贈与する財産については、一旦相続人の課税財産とし、同額を甲の債務として債務控除することができます。

*09) 墓地は相続税の非課税ですから課税されていません。課税されていない財産に係る債務までは控除しないということです。

*10) 取得日から2年を経過した日において非課税が取り消された場合には、取得財産は課税されるため債務控除ができるようになります。

5．債務の確実性

⑴ 係争中の債務

相続財産から控除することができる債務は、確実と認められるものに限ります。[*11]

また、存在が確実と認められる債務については、その金額が確定していないものであっても、相続開始当時の現況によって確実と認められる範囲の金額だけは控除することができます。

*11) 引当金や保証債務のように確実でないものは控除できません。

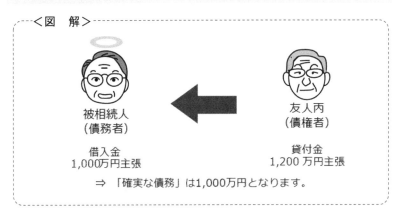

＜図　解＞

被相続人
（債務者）

借入金
1,000万円主張

友人丙
（債権者）

貸付金
1,200万円主張

⇒　「確実な債務」は1,000万円となります。

⑵ 保証債務[*12]

① 原則：控除できません。

② 例外：主たる債務者が弁済不能の状態にあるため、保証債務者がその債務を履行しなければならない場合で、かつ、主たる債務者に求償して返還を受ける見込みがない場合には、主たる債務者が弁済不能の部分の金額は、その保証債務者の債務として控除することができます。

*12) 債務者が債務を履行しない場合、その債務者に代わって履行をする保証人の債務のことです。また、連帯保証債務も保証債務の一種ですので、取扱いは保証債務と同じです。

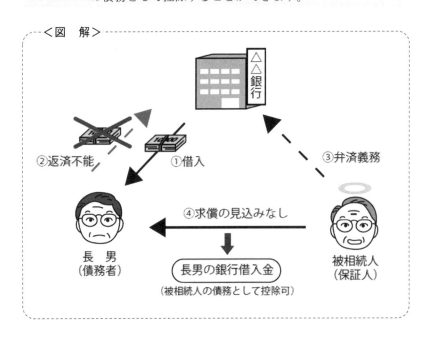

＜図　解＞

△△銀行

②返済不能　①借入　③弁済義務

④求償の見込みなし

長男
（債務者）

被相続人
（保証人）

長男の銀行借入金
（被相続人の債務として控除可）

6．公租公課

控除すべき公租公課には以下のものが含まれます。

⑴　被相続人の死亡時に納税義務が確定しているもの

⑵　被相続人の死亡後相続税の納税義務者が納付し、又は徴収される
　　こととなった被相続人に係る所得税額等（準確定申告※1）

⑶　被相続人の責めに帰すべき事由による附帯税

　　①　延滞税（納付遅延の利子）

　　②　過少申告加算税（罰金）

　　③　無申告加算税（罰金）

　　④　重加算税（仮装、利益の隠ぺいによる特別な罰金）

⑷　賦課期日^{ふかきじつ}*13)の定めのある地方税※2
　　個人の住民税、固定資産税及び都市計画税などです。

*13) その日現在で、1年度分の納税義務、税額などを確定する日のことで、住民税、固定資産税及び都市計画税の賦課期日は1月1日です。

※1　準確定申告は相続開始後4月以内に相続人が行うものですが、
　　被相続人の所得税であることからその準確定申告分の所得税は
　　債務控除が可能です。

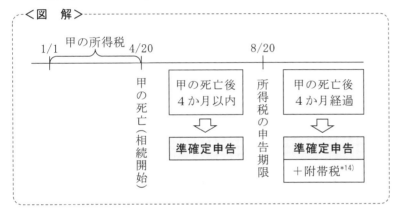

＜図　解＞

*14) 準確定申告に係る附帯税は相続人の責めに帰すべきものであり、被相続人の債務ではないため、債務控除はできません。

※2　住民税、固定資産税のように賦課期日の定めのある地方税は、
　　その賦課期日において納税義務が確定したものとして取扱います。

＜図　解＞

*15) 相続開始後に納税通知書が届いた場合でも債務控除はできます。

7．債務の範囲と例示

項　　　　　目			控　除　の　適　否	例　　　　　示
相続財産に関する費用			控除不可	相続財産の管理費用・登記費用 遺言執行費用 弁護士や税理士への報酬
非課税財産に係る債務			控除不可	墓地購入未払金
保証債務	原　　則		控除不可	
	例　　外		主たる債務者が弁済不能で、主たる債務者に求償しても返還を受ける見込みがない ➡　控除可	求償して返還を受ける見込みがない部分
相続開始時において既に消滅時効の完成した債務			控除不可	消滅時効完成の飲食代未払金
公租公課	所得税・贈与税		控除可	準確定申告に係る所得税
	賦課期日が1月1日のもの		控除可	住民税、固定資産税など
	附　帯　税	被相続人の責め	控除可	相続開始の前年以前の所得税に係る附帯税
		相続人の責め	控除不可	相続開始年分の所得税(準確定申告)に係る附帯税

8. 葬式費用の範囲と例示[16]

[16] 葬式費用は様々な名称で出題される可能性があります。控除することができない4つの項目を覚えておきましょう。

	項　　　　　目	例　　　　示
控除対象	葬式又は葬送に要した費用	通夜費用 仮葬式費用 本葬式費用 納骨費用
	葬式に際し施与した金品	お布施 戒名料
	上記のほか葬式の前後に生じた出費で通常葬式に伴うもの	通夜葬儀会場設置費用
	死体の捜索又は運搬に要した費用	遺体運搬費用
控除不可	香典の返戻のために要した費用	香典返戻費用
	墓碑及び墓地の買入費並びに墓地の借入料	墓地未払購入費
	法要に要する費用	初七日法会費用 四十九日法会費用
	医学上又は裁判上の特別の処置に要した費用	遺体解剖費用

葬式にかかった費用の明細（支払先や支払年月日、金額）は整理・保管しておきましょう。債務控除額に含めることができます。

以下の資料により、各相続人等の相続税の課税価格を計算しなさい。

1　被相続人甲（住所：東京都目黒区、日本国籍）の相続人等の状況は、次の親族図表のとおりである。

```
被相続人甲
  ├────────── 長 男　A（死亡）── 孫　　B（放棄）
  │                    ├──────────── 孫　　C
配偶者乙                │
  └────── 妻　　 A′   └──────────── 孫　　D
```

　（注）1　被相続人甲は、日本国外に住所を有したことはない。

　　　　2　孫Bは、被相続人甲の死亡に係る相続について、適法に相続の放棄をしている。

　　　　3　孫Cは、被相続人甲に係る相続開始時においてシドニーに居住し、オーストラリア国籍を有している。なお、他の相続人等は相続開始時において日本国内に住所を有し、日本国籍を有している。

2　被相続人甲の遺言書により、各相続人等は以下のとおり財産を取得している。

　⑴　配偶者乙が取得した財産

　　①　土地及び家屋（東京都目黒区所在）　　150,000千円

　　②　家庭用財産（東京都目黒区所在）　　　 11,000千円

　　　　この他に、墓地及び仏壇（東京都目黒区所在）が3,100千円ある。

　⑵　孫Bが取得した財産

　　①　土　地（東京都品川区所在）　　　　　 80,000千円

　　②　純金の仏像（東京都品川区所在）　　　 10,000千円

　　　　この仏像は、M銀行の貸金庫内で保管されている。

　⑶　孫Cが取得した財産

　　①　土　地（オーストラリア所在）　　　　 60,000千円

　　②　定期預金（東京都目黒区所在）　　　　 30,000千円

　⑷　孫Dが取得した財産

　　①　株　式（国内本社の発行会社）　　　　 20,000千円

3　上記の遺贈財産以外の被相続人甲の遺産（すべて国内財産である。）は総額150,000千円である。これについては、相続人間の協議により各相続人が民法に規定する法定相続分及び代襲相続分に応じて取得することとしている。

4　相続開始時において被相続人甲に係る債務は8,000千円、葬式費用は3,000千円である。これについては、配偶者乙が全額負担することとした。

5　上記の他、被相続人甲の死亡により被相続人甲が保険料の全額を負担していた生命保険契約により以下の生命保険金が各保険金受取人に対して支払われている。

　⑴　配偶者乙　　　　80,000千円

　⑵　孫　　B　　　　25,000千円

　⑶　孫　　　D　　　20,000千円

解答

I　相続人及び受遺者の相続税の課税価格の計算

1　遺贈財産価額の計算　　　　　　　　　　　　　　　　　　　　（単位：千円）

財 産 の 種 類	取 得 者	計　算　過　程	金　　額
土地及び家屋	配偶者乙		150,000
家 庭 用 財 産	配偶者乙	※　墓地・仏壇は相続税の非課税	11,000
土　　　　地	孫　　B		80,000
純 金 の 仏 像	孫　　B		10,000
土　　　　地	孫　　C		60,000
定 期 預 金	孫　　C		30,000
株　　　　式	孫　　D		20,000

2　相続財産価額の計算　　　　　　　　　　　　　　　　　　　　（単位：千円）

$$
\left.\begin{array}{l}\text{配偶者乙}\\[4pt]\text{孫　　C}\\[4pt]\text{孫　　D}\end{array}\right\}150,000\times\left\{\begin{array}{l}\dfrac{1}{2}=75,000\\[8pt]\dfrac{1}{2}\times\dfrac{1}{2}=37,500\\[8pt]\dfrac{1}{2}\times\dfrac{1}{2}=37,500\end{array}\right.
$$

3　相続又は遺贈によるみなし取得財産価額の計算　　　　　　　　（単位：千円）

財 産 の 種 類	取 得 者	計　算　過　程	金　　額
生命保険金等	配偶者乙	$80,000-^{(注)}16,000=64,000$	64,000
	孫　　B		25,000
	孫　　D	$20,000-^{(注)}4,000=16,000$	16,000

(注)　生命保険金等の非課税
(1)　$5,000\times4\text{人}=20,000$
(2)　$80,000+20,000=100,000$
(3)　(1)<(2)　∴　20,000

$$
\left.\begin{array}{l}\text{配偶者乙}\\[4pt]\text{孫　　D}\end{array}\right\}20,000\times\left\{\begin{array}{l}\dfrac{80,000}{100,000}=16,000\\[8pt]\dfrac{20,000}{100,000}=4,000\end{array}\right.
$$

孫Bは相続人でないため適用なし

4　債務控除額の計算　　　　　　　　　　　　　　　　　　　　　（単位：千円）

債 務 及 び 葬 式 費 用	負 担 者	計　算　過　程	金　　額
債　　　　務	配偶者乙		△ 8,000
葬 式 費 用	配偶者乙		△ 3,000

5　各人の課税価格の計算　　　　　　　　　　　　　　　　　　　（単位：千円）

項　　目 ＼ 相続人等	配偶者乙	孫　　B	孫　　C	孫　　D	計
遺　贈　財　産	161,000	90,000	90,000	20,000	
相　続　財　産	75,000		37,500	37,500	
み な し 取 得 財 産	64,000	25,000		16,000	
債　務　控　除	△ 11,000				
課税価格（千円未満切捨）	289,000	115,000	127,500	73,500	605,000

Section 3 寄附税制に係る相続税の非課税財産

被相続人から取得した遺産を国等に寄附した場合には、非課税となります。
このSectionでは、寄附による相続税の非課税財産について学習します。

1 寄附をした財産に係る非課税 (措法70①②③④⑥⑩)

1. 概　要

　相続や遺贈による財産の取得直後における寄附は、被相続人の意思等に基づいて行われることが多いこと、所得税や法人税において公益法人等に対する寄附金控除[*01]という制度が認められているため、相続税においても非課税とされています。

*01) 日本では諸外国に比べ寄附文化が定着していないことを踏まえ、税制からサポートしようとするものです。ふるさと納税もその一種と言えます。

2. 国等に寄附（贈与）した場合

	内　　容	留 意 事 項
適用財産	相続又は遺贈により取得した財産[*02]	贈与により取得した財産は適用不可
適用期限	相続税の期限内申告書の提出期限（申告期限）[*03]	申告期限後の贈与の場合は適用不可
贈 与 先	国、地方公共団体、特定の公益法人等[*04]、認定NPO法人	宗教法人は適用不可
行　　為	贈与をした場合 (注)	設立のための提供の場合は適用不可
適用除外	贈与者やその親族等の税負担が不当に減少する結果となると認められる場合[*05]	最初から非課税の適用不可
非課税の取 消 し	・贈与日から2年を経過した日までに特定の公益法人等に該当しないこととなった場合[*06] ・贈与により取得した財産を同日において公益の用に供していない場合[*07]	非課税取消しとなった場合は納付税額の増額分について修正申告書の提出が必要

*02) 保険金等のみなし相続財産も含まれます。

*03) 相続開始日の10月後の応当日が相続税の申告期限です。

*04) 独立行政法人、日本赤十字社、学校法人、公益社団・財団法人、社会福祉法人などです。

*05) 例えば、贈与者が贈与財産を私的に利用することができる状況下では相続税の税負担が不当減少することになります。

*06) 例えば、2年経過日において認定NPO法人の有効期限が切れている場合です。

*07) 相続税法上の非課税財産である公益事業用財産についても同じ取扱いです。

（注）　国等に低額譲渡した場合にも非課税の適用を受けられます。
　　　　この場合、次の金額を非課税とします。

> 贈与財産の価額ー対価の額[*08]＝措法70の非課税金額

*08) 対価の額については相続税が課税されます。

<＜国等に贈与した場合の課税関係＞

(1) 非課税

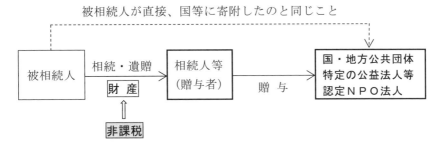

被相続人が直接、国等に寄附したのと同じこと

被相続人 ─ 相続・遺贈 財産 [非課税] → 相続人等（贈与者）─ 贈 与 → 国・地方公共団体 特定の公益法人等 認定ＮＰＯ法人

(2) 適用除外

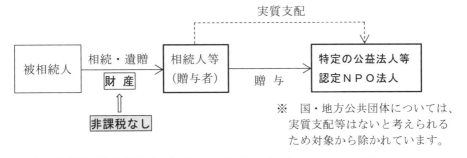

実質支配

被相続人 ─ 相続・遺贈 財産 [非課税なし] → 相続人等（贈与者）─ 贈 与 → 特定の公益法人等 認定ＮＰＯ法人

※ 国・地方公共団体については、実質支配等はないと考えられるため対象から除かれています。

　相続人等（贈与者）が贈与先の特定の公益法人等や認定ＮＰＯ法人を実質的に支配している状況等にある場合には、その相続人等の相続税の負担が不当に減少する結果となると認められるため、措置法70条の非課税は適用できません。

(3) 非課税の取消し

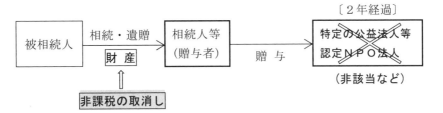

〔２年経過〕

被相続人 ─ 相続・遺贈 財産 [非課税の取消し] → 相続人等（贈与者）─ 贈 与 → 特定の公益法人等 認定ＮＰＯ法人

（非該当など）

　措置法70条の非課税に係る贈与をしてから２年経過日までに特定の公益法人等や認定ＮＰＯ法人に該当しなくなった場合等にはその非課税が取り消され、相続人等（贈与者）は贈与をした相続・遺贈財産について課税されます。

3．特定公益信託に金銭を支出した場合

	内　　容	留　意　事　項
適用財産	相続又は遺贈により取得した財産に属する金銭*09)	贈与により取得した財産に属する金銭は適用不可
適用期限	相続税の期限内申告書の提出期限（申告期限）	申告期限後の支出の場合は適用不可
支　出　先	特定公益信託	―
行　　　為	支出した場合	―
適用除外	支出者やその親族等の税負担が不当に減少する結果となると認められる場合	最初から非課税の適用不可
非課税の取　消　し	支出日から２年を経過した日までに特定公益信託に該当しないこととなった場合*10)	非課税取消しとなった場合は納付税額の増額分について修正申告書の提出が必要

*09) 特定公益信託とは、支出者（委託者）が財産の運用等を信託銀行等（受託者）に託して公益目的を果たすものです。最終的に助成金や奨学金として金銭を受益者に交付するため、受入れ財産も金銭に限定しています。

*10) 特定公益信託は、公益目的以外に金銭を運用することがないことから「公益の用に供していない場合」という非課税の取消し事由は規定されていません。

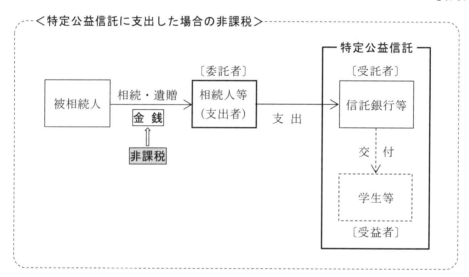

＜特定公益信託に支出した場合の非課税＞

2 申告要件 （措法70⑤⑩）

　　この規定の適用を受ける場合には、相続税の申告書にこの規定の適用を受ける旨を記載し、かつ、所定の書類の提出が必要です。*01)

*01) 措置法70条の非課税の適用を受けることによって納付すべき税額がなくなった場合でも、相続税の申告書を提出する必要があります。

3 生命保険金等の非課税と措置法70条の非課税*01)

*01) 特別法優先の原則に従い、相続税法の特別法である措置法の非課税から優先して計算を行います。

相続人等が取得した保険金等の一部を相続税の申告期限までに国等に贈与した場合には、生命保険金等の非課税と措置法70条の非課税の両方が適用されます。この場合には、措置法の非課税を優先適用し、その残額について生命保険金等の非課税を適用します。

設 問　　　　　　　　　　　　　　　　　　　　措置法70条の非課税

次の資料により、各人の相続税の課税価格に算入される金額を求めなさい。

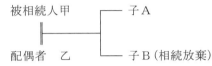

被相続人甲 ── 子A

配偶者 乙 ── 子B（相続放棄）

被相続人甲の死亡に伴い相続人等が取得した生命保険金等は次のとおりである。

⑴ 配偶者乙　50,000千円（保険料は被相続人甲と配偶者乙が2分の1ずつ負担）

　　配偶者乙は取得した保険金のうち5,000千円を相続税の申告期限までに市に贈与している。

⑵ 子　　A　30,000千円（保険料は被相続人甲が全額負担）

⑶ 子　　B　10,000千円（保険料は被相続人甲が全額負担）

解 答

相続又は遺贈によるみなし取得財産価額			（単位：千円）
財産の種類	取得者	計　算　過　程	金　額
生命保険金等	配偶者乙	$50,000 \times \dfrac{1}{2} = 25,000$　【先に保険料負担割合を乗じます】 $25,000 - {}^{※}5,000 = 20,000$　※　措法70の非課税 $20,000 - {}^{(注)}6,000 = 14,000$	14,000
	子　A	$30,000 - {}^{(注)}9,000 = 21,000$	21,000
	子　B		10,000
		（注）　生命保険金等の非課税 　⑴　$5,000 \times 3$人$=15,000$ 　⑵　乙　20,000 　　　A　30,000　｝計　50,000 　⑶　⑴＜⑵　∴　15,000 　　乙 　　A　｝$15,000 \times$｛$\dfrac{20,000}{50,000}=6,000$　$\dfrac{30,000}{50,000}=9,000$ 　　Bは相続人でないため適用なし	

Section 4 小規模宅地等の特例

被相続人の事業用や居住用の宅地には一定の減額措置が設けられています。
このSectionでは、その減額措置の対象宅地や計算方法について学習します。

1 概　要

　被相続人等[01]の事業の用又は居住の用に供されていた宅地等のうち一定部分については相続人等の生活基盤維持のため欠くことのできないものであり、その処分についても相当の制約を受けるため、小規模宅地等の特例により減額措置が設けられています。[02]

　個人が相続又は遺贈により取得した財産のうちに、その相続の開始の直前において一定の要件を満たす事業用又は居住用宅地等がある場合には、課税価格に算入すべき価額は、次の区分に応じてそれぞれの割合を乗じて計算した金額とします。

(1) $\dfrac{20}{100}$ を乗ずる宅地等

① 特定事業用宅地等である小規模宅地等[03]

② 特定居住用宅地等である小規模宅地等

③ 特定同族会社事業用宅地等である小規模宅地等

(2) $\dfrac{50}{100}$ を乗ずる宅地等

　貸付事業用宅地等である小規模宅地等

*01) 被相続人等とは、被相続人又はその被相続人と生計を一にしていたその被相続人の親族をいいます。

*02) 事業用宅地や居住用宅地は相続後も処分することなく使い続けることが想定されますが、その価額について取引を前提とする時価評価を用いると納税者に過大な税負担を強いることとなるため、一定割合の減額措置により調整をしています。

*03) たとえば、1億円の宅地が特定事業用宅地等に該当すれば、課税価格に算入する価額は2千万円です。

2 適用要件

1. 適用対象資産（措法69の4①）

　個人が相続又は遺贈により取得した財産[(注)1]のうちに、その相続の開始の直前[01]において、被相続人等の事業の用[(注)2]又は居住の用に供されていた宅地等（土地又は土地の上に存する権利[(注)3]を含む。）で建物、構築物の敷地の用に供されているもの（特定事業用宅地等、特定居住用宅地等、特定同族会社事業用宅地等及び貸付事業用宅地等に限る[02]。）

(注)1 贈与(相続時精算課税贈与を含み、死因贈与を除きます。)により取得した財産には適用はありません。

　　2 事業と称するに至らない不動産貸付けその他これに類する行為[03]で相当の対価を得て継続的に行うもの（「準事業」）も含みます。

　　3 「土地の上に存する権利」は、借地権や配偶者居住権の設定に係る敷地利用権[04]が該当します。

*01) 相続開始直前における宅地等の利用状況に応じて適用の判定を行います。

*02) 相続税の申告期限までに、一定の要件を満たした場合の宅地等に限り、適用を受けることができます。

*03) 例えば、小規模なアパート経営や数台の駐車場業でも相当の対価を得て継続的に行われていれば適用対象の事業に該当します。

*04) 敷地利用権については1級のテキストで学習します。

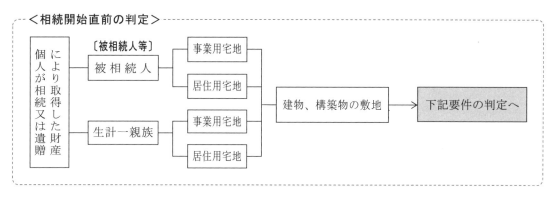

＜相続開始直前の判定＞

個人が相続又は遺贈により取得した財産

〔被相続人等〕
被相続人 ─┬─ 事業用宅地
　　　　　└─ 居住用宅地

生計一親族 ─┬─ 事業用宅地
　　　　　　└─ 居住用宅地

→ 建物、構築物の敷地 → 下記要件の判定へ

＜相続開始から申告期限までの判定＞

上記の宅地等

〔継続要件等〕
・親族取得
・事業承継
・用途継続
・所有継続

─┬─ 特定事業用宅地等
　├─ 特定居住用宅地等
　├─ 特定同族会社事業用宅地等
　└─ 貸付事業用宅地等

→ 特例対象宅地等 → 選択 → 限度面積要件を満たす部分 → 小規模宅地等

┌─「生計を一にする」の意義（所得税法基本通達）─────────────┐
│ ⑴　勤務、修学、療養等の都合上他の親族と日常の起居を共にして
│　　いない親族がいる場合であっても、次に掲げる場合に該当すると
│　　きは、これらの親族は生計を一にするものとする。*05)
│　　①　当該他の親族と日常の起居を共にしていない親族が、勤務、
│　　　　修学等の余暇には当該他の親族のもとで起居を共にすること
│　　　　を常例としている場合
│　　②　これらの親族間において、常に生活費、学資金、療養費等の
│　　　　送金が行なわれている場合
│ ⑵　親族が同一の家屋に起居している場合には、明らかに互いに独
│　　立した生活を営んでいると認められる場合を除き、これらの親族
│　　は生計を一にするものとする。*06)
└──────────────────────────────────┘

*05) 例えば、勤務の都合でアパートを借りていても、週末には自宅に戻ってくるような場合や、大学生の息子に毎月仕送りをしている場合などです。

*06) 被相続人と同居していれば特に指示がない限り、生計一と判断します。

2. 申告要件（措法69の4⑦⑧）

　　この規定の適用を受ける場合には、相続税の申告書にこの規定の適用を受ける旨を記載し、かつ、所定の書類の提出が必要です。*07)
　　なお、申告書の提出がなかった場合又は記載若しくは添付のない申告書の提出があった場合においても、税務署長がやむを得ない事情があると認めた場合には適用があります。

*07) 小規模宅地等の特例を受けることによって納付すべき税額がなくなった場合でも、相続税の申告書を提出する必要があります。

3 減額計算の概要

1. 限度面積要件と減額割合（措法69の4①②）

(1) 選択特例対象宅地等が「特定事業用等宅地等」である場合^{*01)}

選択面積の合計が400㎡以下

特定事業用等宅地等とは、次のものをいいます。

> ① 特定事業用宅地等
>
> ② 特定同族会社事業用宅地等

(2) 選択特例対象宅地等が「特定居住用宅地等」である場合^{*02)}

選択面積の合計が330㎡以下

(3) 選択特例対象宅地等が「貸付事業用宅地等」である場合

選択面積の合計が200㎡以下

(4) 限度面積と減額割合

対象となる小規模宅地等	限度面積	減額割合
特定事業用等宅地等	400㎡	80%
特定居住用宅地等	330㎡	80%
貸付事業用宅地等	200㎡	50%

*01) 特定事業用宅地等400㎡と特定同族会社事業用宅地等400㎡がある場合に、双方の宅地を選択することはできず、合計で400㎡までです。

*02) 平成27年1月1日より特定居住用宅地等の限度面積が240㎡から330㎡に拡大されました。

4 減額計算の基本

小規模宅地等の特例に係る減額金額は、減額単価に特例対象宅地等の区分に応じた限度面積を乗じて計算します。

【算式パターン】

(1) 特定事業用等宅地等及び特定居住用宅地等の場合

<u>1㎡当たりの価額×80%</u>×**限度面積**
（減額単価）

(2) 貸付事業用宅地等の場合

<u>1㎡当たりの価額×50%</u>×**限度面積**
（減額単価）

┌─<例　題>─────────────────────────────
　次の(1)から(3)の宅地を小規模宅地等として選択した場合において、
相続税の課税価格に算入すべき価額を求めなさい。
　(1)　特定居住用宅地等　400㎡　評価額　　120,000千円
　(2)　特定事業用宅地等　500㎡　評価額　　100,000千円
　(3)　貸付事業用宅地等　250㎡　評価額　　　41,000千円
└───────────────────────────────────

<解　答>[*01]　　　　　　　　　　　　　　　　　　　　　（単位：千円）

(1)　①　評価額
　　　　120,000

　　　②　減額金額
　　　　$\dfrac{120,000}{400㎡}$（300/㎡）×80%×[※]330㎡＝79,200

　　　　　　　　　　　　　　[※]　　400㎡＞330㎡　∴　330㎡

　　　③　課税価格算入額
　　　　①－②＝40,800

(2)　①　評価額
　　　　100,000

　　　②　減額金額
　　　　$\dfrac{100,000}{500㎡}$（200/㎡）×80%×[※]400㎡＝64,000

　　　　　　　　　　　　　　[※]　　500㎡＞400㎡　∴　400㎡

　　　③　課税価格算入額
　　　　①－②＝36,000

(3)　①　評価額
　　　　41,000

　　　②　減額金額
　　　　$\dfrac{41,000}{250㎡}$（164/㎡）×50%×[※]200㎡＝16,400

　　　　　　　　　　　　　　[※]　　250㎡＞200㎡　∴　200㎡

　　　③　課税価格算入額
　　　　①－②＝24,600

*01) 相続税の課税価格算入額の
具体的な計算フォームは、
その減額対象となる宅地等
の評価額から小規模宅地等
の減額金額を控除します。

Chapter 2
Chapter 3
Chapter 4
Chapter 5
Chapter 6
Chapter 7
Chapter 8
Chapter 9
参考資料

1. 同じ限度面積の特例対象宅地等を選択する場合

(1) 選択特例対象宅地等が「特定事業用等宅地等」のみである場合 *01)

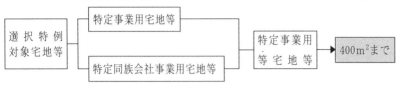

─<例　題>──

　次の(1)から(3)の特例対象宅地等を選択する場合において、限度面積を満たす小規模宅地等の減額金額を求めなさい。なお、選択の方法は番号の順に従って選択するものとする。

(1)　特定同族会社事業用宅地等A　　200㎡　評価額　　30,000千円

(2)　特定事業用宅地等B　　　　　　100㎡　評価額　　12,000千円

(3)　特定事業用宅地等C　　　　　　150㎡　評価額　　15,000千円

<解　答>　　　　　　　　　　　　　　　　　　（単位：千円）

　① 選　択

　　Aから200㎡、Bから100㎡、Cから※100㎡を選択

　　※　400㎡－200㎡－100㎡＝100㎡＜150㎡　∴　100㎡

　③ 減額計算

　　A　$\dfrac{30,000}{200㎡}(＝150/㎡)×80\%×200㎡＝24,000$

　　B　$\dfrac{12,000}{100㎡}(＝120/㎡)×80\%×100㎡＝9,600$

　　C　$\dfrac{15,000}{150㎡}(＝100/㎡)×80\%×100㎡＝8,000$

(2) 選択特例対象宅地等が「特定居住用宅地等」のみである場合 *02)

(3) 選択特例対象宅地等が「貸付事業用宅地等」のみである場合 *03)

2．異なる限度面積の特例対象宅地等を選択する場合

(1) 貸付事業用宅地等を選択しない場合[*04]

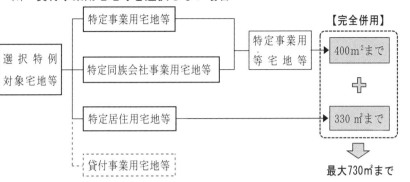

*04) 特定事業用等宅地等400㎡と特定居住用宅地等330㎡を選択する場合には、両方の最大限度面積を合計した選択が可能となります。これを「完全併用」と言います。

(2) 貸付事業用宅地等を選択する場合[*05]

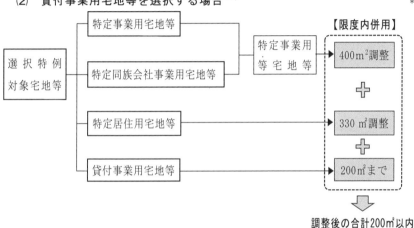

*05) 限度面積が異なることから特定事業用等宅地等400㎡、特定居住用宅地等330㎡を貸付事業用宅地等200㎡の面積ベースに調整し、それらの合計地積が200㎡以内となるよう有利選択を行います。これを「限度内併用」と言います。
なお、貸付事業用宅地等を選択したときは完全併用による減額計算はできません。

3．限度内併用を適用する場合における限度面積の調整計算

$$\text{特定事業用等宅地等の面積の合計} \times \frac{200}{400} + \text{特定居住用宅地等の面積の合計} \times \frac{200}{330} + \text{貸付事業用宅地等の面積の合計} \leqq 200㎡$$

4．限度面積に達するまでの地積計算

【算式パターン】

$$\text{選択する特例対象宅地等の限度面積} - \text{既に選択した特例対象宅地等の地積} \times \frac{\text{選択する特例対象宅地等の限度面積}}{\text{既に選択した特例対象宅地等の限度面積}}$$

次の問について、小規模宅地等として選択できる各宅地の地積を求めなさい。なお、選択の方法は番号の順に従って選択するものとする。

問 1
(1)　特定事業用等宅地等　　　　　450㎡
(2)　特定居住用宅地等　　　　　　350㎡

問 2
(1)　特定事業用宅地等　　　　　　300㎡
(2)　貸付事業用宅地等　　　　　　150㎡

問 3
(1)　特定居住用宅地等　　　　　　264㎡
(2)　貸付事業用宅地等　　　　　　120㎡

問 4
(1)　特定事業用等宅地等　　　　　120㎡
(2)　特定居住用宅地等　　　　　　165㎡
(3)　貸付事業用宅地等　　　　　　120㎡

解 答

問 1
(1)　特定事業用等宅地等　400㎡（450㎡＞400㎡　∴　400㎡）
(2)　特定居住用宅地等　　330㎡（350㎡＞330㎡　∴　330㎡）

問 2
(1)　特定事業用宅地等　　300㎡
(2)　貸付事業用宅地等　　$200㎡－300㎡×\dfrac{200}{400}＝50㎡$

問 3
(1)　特定居住用宅地等　　264㎡
(2)　貸付事業用宅地等　　$200㎡－264㎡×\dfrac{200}{330}＝40㎡$

問 4
(1)　特定事業用等宅地等　120㎡
(2)　特定居住用宅地等　　$330㎡－120㎡×\dfrac{330}{400}＝231㎡＞165㎡　∴　165㎡$
(3)　貸付事業用宅地等　　$200㎡－120㎡×\dfrac{200}{400}－165㎡×\dfrac{200}{330}＝40㎡$

解 説

最初に選択した宅地の選択割合を求めてから、次に選択しようとする宅地の限度面積に残りの割合を乗じて求めることもできます。

問 2 の場合には、特定事業用宅地等の選択割合が$\dfrac{300㎡}{400㎡}＝75\%$　➡　$200㎡×（1－75\%）＝50㎡$

次の問について、小規模宅地等の特例を適用した後の課税価格に算入すべき価額を求めなさい。

なお、選択の方法は番号の順に従って選択するものとする。

問1

(1)　特定事業用宅地等A　　　300㎡　　　評価額　60,000千円

(2)　貸付事業用宅地等B　　　200㎡　　　評価額　80,000千円

問2

(1)　特定事業用宅地等C　　　450㎡　　　評価額　112,500千円

(2)　特定居住用宅地等D　　　350㎡　　　評価額　70,000千円

問3

(1)　特定事業用宅地等E　　　120㎡　　　評価額　36,000千円

(2)　特定居住用宅地等F　　　132㎡　　　評価額　46,200千円

(3)　貸付事業用宅地等G　　　150㎡　　　評価額　75,000千円

解　答　　　　　　　　　　　　　　　　　　　　　　　　　　（単位：千円）

問1

(1)　$60,000 - {}^{(注)}48,000 = 12,000$

(2)　$80,000 - {}^{(注)}10,000 = 70,000$

(注)　小規模宅地等の特例

① 選　択

特定事業用宅地等Aから300㎡、貸付事業用宅地等Bから${}^{※}$50㎡を選択

※　$200㎡ - 300㎡ \times \dfrac{200}{400} = 50㎡$

② 減額計算

A　$\dfrac{60,000}{300㎡} \times 80\% \times 300㎡ = 48,000$

B　$\dfrac{80,000}{200㎡} \times 50\% \times 50㎡ = 10,000$

問2

(1)　$112,500 - {}^{(注)}80,000 = 32,500$

(2)　$70,000 - {}^{(注)}52,800 = 17,200$

(注)　小規模宅地等の特例

① 選　択

特定事業用宅地等Cから${}^{※1}$400㎡、特定居住用宅地等Dから${}^{※2}$330㎡を選択

※1　$450㎡ > 400㎡　∴　400㎡$

※2　$350㎡ > 330㎡　∴　330㎡$

② 減額計算

C　$\dfrac{112,500}{450㎡} \times 80\% \times 400㎡ = 80,000$

D　$\dfrac{70,000}{350㎡} \times 80\% \times 330㎡ = 52,800$

問3

⑴　$36,000-^{(注)}28,800=7,200$

⑵　$46,200-^{(注)}36,960=9,240$

⑶　$75,000-^{(注)}15,000=60,000$

（注）　小規模宅地等の特例

①　選　択

特定事業用宅地等Eから120㎡、特定居住用宅地等Fから※1 132㎡、貸付事業用宅地等Gから※2 60㎡を選択

※1　$330㎡-120㎡\times\dfrac{330}{400}=231㎡>132㎡$　∴　$132㎡$

※2　$200㎡-120㎡\times\dfrac{200}{400}-132㎡\times\dfrac{200}{330}=60㎡<150㎡$　∴　$60㎡$

②　減額計算

E　$\dfrac{36,000}{120㎡}\times80\%\times120㎡=28,800$

F　$\dfrac{46,200}{132㎡}\times80\%\times132㎡=36,960$

G　$\dfrac{75,000}{150㎡}\times50\%\times60㎡=15,000$

2級の出題では、小規模宅地等の選択順序について指示があります。その指示に従って限度面積に達するまで各宅地から順次選択してください。

相続税額の計算II

1 相続税の総額

各人の相続税額を計算する前に、相続税の総額を計算します。
このSectionでは、相続税の総額計算の仕組みを中心に学習します。

2級 出題
3級

1 相続税の課税方式

3級 出題

1. 概 要*01)

　現行相続税の課税方式は遺産取得課税方式を基本とし、その短所
である仮装分割による税負担の回避や分割不能財産への税負担の
過重を補うために、遺産課税方式を考慮した「法定相続分課税方式
による遺産取得課税方式」がとられています。

*01)「遺産課税方式」から開始した
日本の相続税ですが、その後
「遺産取得課税方式」を経て、
両者をミックスした現行の
「法定相続分課税方式による
遺産取得課税方式」に落ち
着きました。

2. 相続税の総額の計算の仕組み

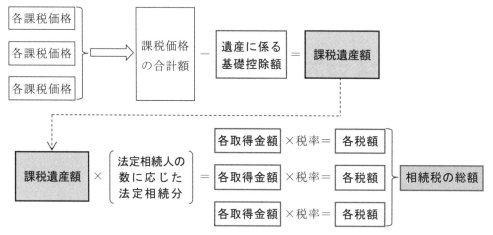

<遺産に係る基礎控除額>

　3,000万円＋600万円×法定相続人の数*02)

*02) 生命保険金等や退職手当金等
の非課税限度額の計算同様、
税法上の相続人の数を用いて
計算します。

<各取得金額>

　実際の財産取得者とは無関係に、法定相続人の数に応じた
法定相続分（代襲相続分を含む）によって計算します。なお、
千円未満の端数があるときは切り捨てます。

<各税額>

　各取得金額に税率を乗じて計算します。この場合の税率は、
超過累進税率を用いますが、実際には相続税の速算表*03)に
当てはめて各税額を計算します。

*03) 速算表は資料として問題に
与えられるものですので、
覚える必要はありません。

─<相続税の総額>─

　各取得金額に税率を乗じて計算した各税額を合計した金額が相続税の総額です。なお、相続税の総額に百円未満の端数があるときは切り捨てます。

【超過累進税率と速算表】

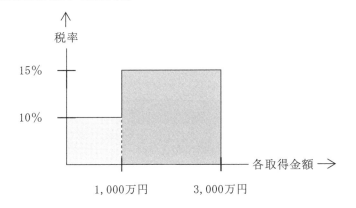

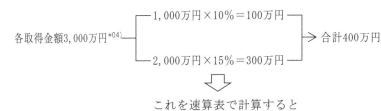

*04) 各取得金額が3,000万円の場合1,000万円までは10%、1,000万円を超え3,000万円までが15%となります。

これを速算表で計算すると

3,000万円×15%−50万円*05) ＝400万円

*05) 1,000万円までは10%でよいのに、全体に15%を乗じていますので、乗じ過ぎてしまった5%分を控除します。

1,000万円×(15%−10%)＝50万円

【相続税の速算表】

各法定相続人の取得金額	税率(%)	控除額	各法定相続人の取得金額	税率(%)	控除額
10,000千円以下	10	—	200,000千円以下	40	17,000千円
30,000千円以下	15	500千円	300,000千円以下	45	27,000千円
50,000千円以下	20	2,000千円	600,000千円以下	50	42,000千円
100,000千円以下	30	7,000千円	600,000千円超	55	72,000千円

2 法定相続人の数に算入する養子の数

1. 概 要

　養子については、民法上も税法上も法定相続人に該当します。

　言い換えれば、複数の者と養子縁組をして遺産に係る基礎控除額を恣意的に増額させることも可能ということです。[01]

　そこで、養子縁組を何人としようとも、遺産に係る基礎控除などの税金計算に用いる法定相続人の数については、養子は1人又は2人までとする税法上の制限が加えられています。

*01) 実際に養子縁組を利用して基礎控除額を増やすことで相続税を免れた納税者がいました。そこで、昭和63年の税制改正により養子の数に制限を加えることとなりました。

2. 取り扱い

(1) 法定相続人の数を用いる計算項目

計 算 項 目	算 式
遺産に係る基礎控除額	3,000万円＋600万円×法定相続人の数
生命保険金等の非課税限度額 退職手当金等の非課税限度額	500万円×法定相続人の数[02]

*02) ☞46ページに戻って確認しましょう。

(2) 法定相続人の数に算入する養子の数

法定相続人の数	＋	養子の数

＜養子の数の制限[03]＞

① 被相続人に実子がいる場合[例題1]　➡　1人

② 被相続人に実子がいない場合[例題2、3]　➡　2人

*03) 趣旨として被相続人に実子がいる場合には婿養子を1人、被相続人に実子がいない場合には夫婦養子を1組認めるということです。

次の例題において、法定相続人及び遺産に係る基礎控除額を計算する上での法定相続人の数並びにその数に応じた法定相続分を求めなさい。

＜例題１＞

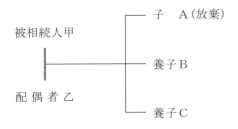

＜解　答＞

法定相続人	法定相続分
配 偶 者 乙	$\dfrac{1}{2}$
子　　　　A	$\dfrac{1}{2}\times\dfrac{1}{2}$
養　子　B	$\dfrac{1}{2}\times\dfrac{1}{2}$
養　子　C	
合計　　3人	1

（解　説）

　実子である子Aがいるため、養子B又は養子Cのうち１人までとなります。

＜例題２＞

＜解　答＞

法定相続人	法定相続分
配 偶 者 乙	$\dfrac{1}{2}$
養　子　A	$\dfrac{1}{2}\times\dfrac{1}{2}$
養　子　B	
養　子　C	$\dfrac{1}{2}\times\dfrac{1}{2}$
合計　　3人	1

（解　説）

　実子がいないため、養子A、養子B及び養子Cのうち２人までとなります。

＜例題３＞

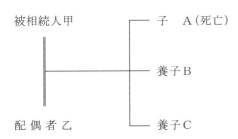

＜解　答＞

法定相続人	法定相続分
配 偶 者 乙	$\dfrac{1}{2}$
養　子　B	$\dfrac{1}{2}\times\dfrac{1}{2}$
養　子　C	$\dfrac{1}{2}\times\dfrac{1}{2}$
合計　　3人	1

（解　説）

　実子である子Aが死亡しているため、養子B及び養子Cの２人となります。

【相続税の総額の計算方法までの手順】

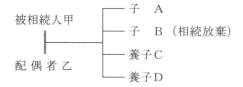

被相続人甲 ┬ 子　A
　　　　　　├ 子　B（相続放棄）
　　　　　　├ 養子C
配偶者乙 ┴ 養子D

各人の課税価格の計算　　　　　　　　　　　　　　　　　　　　　　　　（単位：円）

	配偶者乙	子　　　A	養子C	養子D	計
遺 贈 財 産	××××	××××	××××	××××	
相 続 財 産	××××	××××	××××	××××	
みなし取得財産	××××				
債 務 控 除	△××××	△××××			
課 税 価 格	282,345,000	187,530,000	55,770,000	29,910,000	555,555,000

相続税の総額の計算

課 税 価 格 の 合 計 額		遺産に係る基礎控除額	課　税　遺　産　額
① 千円 555,555		② 千円 30,000＋6,000×4人＝54,000	③ 千円 501,555
法定相続人	法定相続分	法定相続分に応ずる取得金額	相続税の総額の基となる税額
④	⑥	⑦ ↓千円未満切捨 千円	⑧ 円
配 偶 者 乙	$\frac{1}{2}$	250,777	85,849,650
子　　　A	$\frac{1}{2}×\frac{1}{3}$	83,592	18,077,600
子　　　B	$\frac{1}{2}×\frac{1}{3}$	83,592	18,077,600
養 子 C 養 子 D	$\frac{1}{2}×\frac{1}{3}$	83,592	18,077,600
合 計 ⑤4人	1		相続税の総額 ⑨140,082,400円

↑百円未満切捨

① **課税価格の合計額欄**

各人の課税価格の合計額を転記します。

② **遺産に係る基礎控除額欄**

3,000万円＋600万円×法定相続人の数[*04]

*04) 下記⑤の「合計人数欄」の数を用いて計算します。

③ **課税遺産額欄**

①－②＝×××←残額を記載します。

④ **法定相続人欄**[*05]

法定相続人に該当するものはすべて記載します。

*05) 養子の数の制限を考慮する前の法定相続人を記載します。

⑤ **合計人数欄**

養子の数の制限を考慮した後の人数を記載します。

⑥ **法定相続分欄**[*06]

法定相続人の数に応じた相続分を記載します。

*06) 養子の数の制限を考慮した後の法定相続分です。

⑦ **法定相続分に応ずる取得金額欄**

③［課税遺産額］×⑥［法定相続分］（千円未満切捨）[*07]

*07) 税率を乗ずる前の金額については千円未満の端数を切捨てます。

配偶者乙 $\dfrac{1}{2}$ ＝250,777.5 → 250,777

子　　A $\dfrac{1}{2}×\dfrac{1}{3}=$ 83,592.5 → 83,592

子　　B $\dfrac{1}{2}×\dfrac{1}{3}=$ 83,592.5 → 83,592

養子C $\left.\right\}$ 養子D $\dfrac{1}{2}×\dfrac{1}{3}=$ 83,592.5 → 83,592

↑──養子の数の制限を受ける場合[*08]

*08) 養子の数の制限を受ける場合にはカッコをつけて表記するようにしてください。

⑧ **相続税の総額の基となる税額**

⑦で計算した各取得金額について相続税の速算表を用いて計算した金額を記入します。

各取得金額（千円未満切捨）×税率－控除額＝相続税の総額の基となる税額（円未満切捨）

⑨ **相続税の総額**

⑧で計算した相続税の総額の基となる税額を合計します。この合計額については、百円未満切捨の端数処理を行います。

法定相続分課税方式を採用した相続税額の計算の流れについて確認しておきましょう！

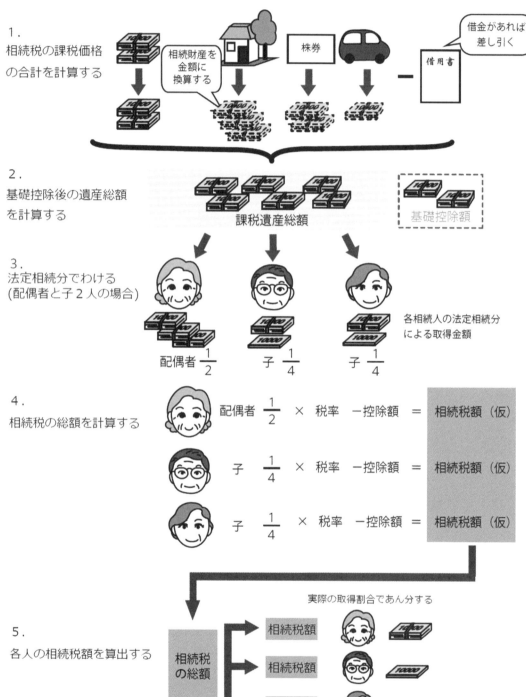

1.
相続税の課税価格の合計を計算する

相続財産を金額に換算する

株券

借金があれば差し引く

借用書

2.
基礎控除後の遺産総額を計算する

課税遺産総額

基礎控除額

3.
法定相続分でわける
(配偶者と子2人の場合)

各相続人の法定相続分による取得金額

配偶者 $\frac{1}{2}$　　子 $\frac{1}{4}$　　子 $\frac{1}{4}$

4.
相続税の総額を計算する

配偶者 $\frac{1}{2}$ × 税率 －控除額 ＝ 相続税額（仮）

子 $\frac{1}{4}$ × 税率 －控除額 ＝ 相続税額（仮）

子 $\frac{1}{4}$ × 税率 －控除額 ＝ 相続税額（仮）

実際の取得割合であん分する

5.
各人の相続税額を算出する

相続税の総額

相続税額

相続税額

相続税額

Chapter

5

相続税額の計算Ⅲ

Section 1 各人の算出相続税額

相続税の総額に各人の課税価格の割合を乗じて相続税額を算出します。
このSectionでは、各人の算出相続税額について学習します。

1 算出相続税額

1. 概　要

相続税の総額を各人の課税価格の比（あん分割合）で配分し、各人の相続税額を算出します。さらに、所定の加算又は税額控除[*01]が行われ、実際に納付すべき相続税額が確定します。

あん分割合

相続税の総額 × $\dfrac{\text{各人の課税価格}}{\text{課税価格の合計額}}$ ＝各人の算出相続税額

*01) 各人の算出相続税額に対し各人の立場や状況に応じて算出税額の2割加算や各種税額控除が設けられています。

2. あん分割合[*02]

小数点以下2位未満の端数がある場合には、その財産の取得者全員が選択した方法により各取得者の割合の合計値が1になるようにその端数を調整して差し支えないとされています。そこで、試験の出題では「小数点以下2位未満の端数の大きいものから順次繰り上げて、その合計が1.00となるように調整すること。」という指示を与えることが考えられます。

*02) 試験の出題ではあん分割合について端数処理を調整しないで計算するパターンも考えられますので、設問2で確認をしておきましょう。

＜例　題＞

次の場合における各相続人等のあん分割合を求めなさい。ただし、あん分割合に端数が生じる場合には、小数点以下2位未満の端数の大きいものから順次繰り上げて、その合計が1.00となるように調整すること。

（単位：千円）

	配偶者乙	子　A	子　B	子　C	計
課税価格	178,543	62,543	55,452	36,795	333,333

＜解　答＞

配偶者乙　178,543千円 ⎫
子　A　　62,543千円 ⎬ ÷333,333千円
子　B　　55,452千円 ⎪
子　C　　36,795千円 ⎭

＝0.5356 ➡ 0.53
＝0.18<u>76</u> ➡ **0.19**
＝0.16<u>63</u> ➡ **0.17**
＝0.1103 ➡ 0.11
　　　　　　0.98　　　1.00

次の場合における各相続人等の算出相続税額を求めなさい。なお、あん分割合に端数が生じる場合には、小数点以下2位未満の端数の大きいものから順次繰り上げてその合計が1.00となるように調整すること。

1　各相続人等の課税価格

乙	223,253千円	
A	78,252千円	
B	62,254千円	合計456,789千円
C	48,981千円	
D	44,049千円	

2　相続税の総額　　94,036,000円

解答

(1)　あん分割合

乙	223,253千円		=0.4887 ➡	**0.49**
A	78,252千円		=0.1713 ➡	0.17
B	62,254千円	÷456,789千円	=0.1362 ➡	0.13
C	48,981千円		=0.1072 ➡	**0.11**
D	44,049千円		=0.0964 ➡	**0.10**
			0.97	1.00

(2)　算出相続税額

乙		0.49 =	46,077,640円
A		0.17 =	15,986,120円
B	94,036,000円×	0.13 =	12,224,680円
C		0.11 =	10,343,960円
D		0.10 =	9,403,600円

【参　考】

算出相続税額を求めた後、2割加算額や各税額控除額を加減算して最終的な納付税額を計算します。

＜各相続人等の納付すべき相続税額の計算＞　　　　　　　　　　　　　　　　（単位：円）

項目＼相続人等	乙	A	B	C	D	合　計
あ ん 分 割 合	0.49	0.17	0.13	0.11	0.10	1.00
算 出 相 続 税 額	46,077,640	15,986,120	12,224,680	10,343,960	9,403,600	94,036,000
2 割 加 算 額				×××	×××	
各 税 額 控 除 額	△×××	△×××	△×××	△×××	△×××	
納 付 税 額 （百円未満切捨）	×××00	×××00	×××00	×××00	×××00	

次の場合における各相続人等の算出相続税額を求めなさい。なお、あん分割合は端数を調整しないで計算すること。

1　各相続人等の課税価格

乙　　　223,253千円 ⎫
A　　　　78,252千円 ⎪
B　　　　62,254千円 ⎬ 合計456,789千円
C　　　　48,981千円 ⎪
D　　　　44,049千円 ⎭

2　相続税の総額　　94,036,000円

解　答

乙 ⎫　　　　　　　　　⎧ 223,253千円 ⎫　　　　　　⎧ ＝ 45,959,554円
A ⎪　　　　　　　　　⎪ 78,252千円 ⎪　　　　　　⎪ ＝ 16,109,199円
B ⎬ 94,036,000円×⎨ 62,254千円 ⎬÷456,789千円⎨ ＝ 12,815,801円
C ⎪　　　　　　　　　⎪ 48,981千円 ⎪　　　　　　⎪ ＝ 10,083,380円
D ⎭　　　　　　　　　⎩ 44,049千円 ⎭　　　　　　⎩ ＝ 　9,068,063円

【参　考】

あん分割合について端数を調整しないで算出相続税額を計算する出題も考えられます。その場合には、あん分割合の欄は与えられませんので、電卓上、算出相続税額(円未満切捨)を求めます。

＜各相続人等の納付すべき相続税額の計算＞　　　　　　　　　　　　　　　　（単位：円）

項目＼相続人等	乙	A	B	C	D	合　計
算 出 相 続 税 額	45,959,554	16,109,199	12,815,801	10,083,380	9,068,063	94,035,997
2 割 加 算 額				×××	×××	
各 税 額 控 除 額	△×××	△×××	△×××	△×××	△×××	
納 付 税 額（百円未満切捨）	×××00	×××00	×××00	×××00	×××00	

あん分割合と算出相続税額は、電卓の機能を使って速く算出することができるように練習しましょう。

【電卓の使い方】

1．あん分割合を求めてから算出相続税額を計算する場合

(1)　あん分割合（定数表示（K）のでない電卓） *03)

乙　223,253 ÷ 456,789 = 0.488744… → 0.49

A　78,252 = 0.171308…

B　62,254 = 0.136286…

C　48,981 = 0.107228…

D　44,049 = 0.096431…

*03) 定数表示（K）のでる電卓
は÷や×を2回押します。

(2)　算出相続税額

．49でもOK

乙　94,036,000 × 0.49 = 46,077,640

A　0.17 = 15,986,120

B　0.13 = 12,224,680

C　0.11 = 10,343,960

D　0.10 = 9,403,600

2．あん分割合の端数を調整しないで算出相続税額を計算する場合

乙　94,036,000 ÷ 456,789 × 223,253 = 45,959,554

A　78,252 = 16,109,199

B　62,254 = 12,815,801

C　48,981 = 10,083,380

D　44,049 = 9,068,063

相続税額の加算

一親等の血族及び配偶者以外の者は、相続税額が2割増しとなります。
この Section では、相続税額の加算について学習します。

1 概　要

　相続税額の加算の規定は、相続又は遺贈により財産を取得した者
が被相続人との血族関係が疎いものである場合、又は全く血縁関係
がないものである場合には、その財産の取得について偶然性が高い
ため担税力が強いこと、被相続人が子を越して孫に財産を遺贈する
ことにより相続税の課税を1回免れることとなること、また、被相
続人の遺産形成に貢献した者とそうでない者との調整を図るために
設けられた規定です。相続又は遺贈により財産を取得した者がその
相続又は遺贈に係る被相続人の一親等の血族及び配偶者以外の者で
ある場合においては、その者に係る相続税額は、算出税額にその20％
に相当する金額を加算した金額とします。

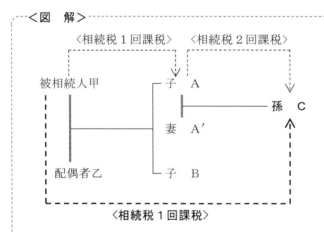

＜図　解＞

〈相続税1回課税〉　　〈相続税2回課税〉

被相続人甲　　　　　　子　A

妻　A′　　　　　　　孫　C

配偶者乙　　　　　　子　B

〈相続税1回課税〉

　被相続人甲から子Aに財産が相続され、さらに子Aから孫Cに
財産が相続された場合には、被相続人甲の遺産が孫Cに承継され
るまでには、相続税の課税は2回となります。そこで、相続税の
負担軽減のために遺言により孫Cに承継させれば、相続税の課税
は1回で済むことになります。

2 相続税額の加算対象者

1．加算対象者（法18）

配偶者
一親等の血族　}　以外の者

＜例　題＞

次の資料により、相続税額の加算対象の判定を行いなさい。

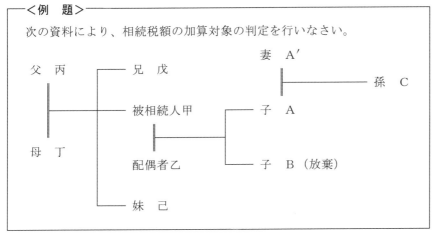

＜解　答＞

配偶者乙　→　配偶者のため、加算対象外。

子　　A　→　一親等の血族のため、加算対象外。

妻　　A′　→　一親等の姻族のため、加算対象。

子　　B　→　一親等の血族のため、加算対象外。 *01)

孫　　C　→　二親等の血族のため、加算対象。

父　　丙　→　一親等の血族のため、加算対象外。

母　　丁　→　一親等の血族のため、加算対象外。

兄　　戊　→　二親等の血族のため、加算対象。

妹　　己　→　二親等の血族のため、加算対象。

*01) 相続を放棄していた場合で
　　も、一親等の血族であれば
　　加算対象外となります。

2．加算額

【算式パターン】

$$算出相続税額 \times \frac{20}{100}$$

Section 3 配偶者に対する相続税額の軽減

配偶者には税負担の軽減措置として大幅な税額控除額が設けられています。
このSectionでは、配偶者に対する相続税額の軽減について学習します。

2級 出題
3級

1 概　要

　配偶者に対する相続税額の軽減の規定は、遺産の維持形成に対する
配偶者の貢献度、配偶者の生活保障及び次の相続開始の時期が比較的
早期に到来すること等を考慮して設けられた配偶者のみの優遇措置
です。被相続人の配偶者については、被相続人から相続又は遺贈により
取得した財産の合計額[*01]がその配偶者の法定相続分以下の場合又は
１億６千万円以下の場合には、その納付すべき税額はないものとし、
これらの金額を超えて財産を取得した場合にのみ、その超えた部分に
対応する納付税額が生じます。

*01) 合計額とは、配偶者の課税
価格の金額です。したがっ
て、債務控除額がある場合
にはその控除後の金額とな
ります。

2 適用対象者 （法19の2）

被相続人の配偶者

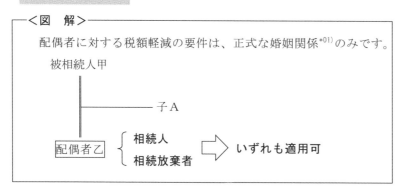

＜図　解＞

配偶者に対する税額軽減の要件は、正式な婚姻関係[*01]のみです。

被相続人甲

子A

配偶者乙 { 相続人 / 相続放棄者 } ⇒ いずれも適用可

*01) 配偶者が相続の放棄をした
場合や配偶者が国外に住所
を有している場合でも適用
があります。ただし、先妻
や婚姻届出のない内縁関係
者には適用がありません。

3 申告要件 （法19の2③④）

　この規定の適用を受ける場合には、相続税の申告書にこの規定の
適用を受ける旨を記載し、かつ、所定の書類の提出が必要です。[*01]
　なお、申告書の提出がなかった場合等でも、税務署長がやむを
得ない事情があると認めた場合には適用を受けることができます。

*01) 配偶者に対する税額軽減を
受けることによって納付す
べき税額がなくなった場合
でも、相続税の申告書を提
出する必要があります。

4 控除額

【算式パターン】

(1) 算出相続税額

(2) 軽減額

① 配偶者の法定相続分相当額[01]

課税価格の合計額 × 配偶者の法定相続分

（160,000千円未満の場合には、160,000千円とします。）

② 配偶者の課税価格 （千円未満切捨）

③ ①と②のいずれか低い金額

④ $\dfrac{相続税の総額 × ③}{課税価格の合計額}$ [02]

(3) 控除額

(1)と(2)のいずれか低い金額

*01) 配偶者が本来取得すべき財産の上限と考えている金額です。配偶者の課税価格がこの金額の範囲内であれば、配偶者の算出相続税額から税額軽減額を控除した後の相続税額は0となります。

*02) 分数式の計算をする場合には先に分子の数値を乗じてから分母の数値で割ります。

<算式の考え方>

（ケース1）

(2)③の金額が①の配偶者の法定相続分相当額となった場合

⇨ **配偶者の課税価格が法定相続分又は1億6千万円超の場合**

$$相続税の総額 × \dfrac{配偶者の法定相続分相当額}{課税価格の合計額} = 配偶者の税額軽減額$$

$$相続税の総額 × \dfrac{配偶者の課税価格}{課税価格の合計額} = 配偶者の算出相続税額$$

　上記のとおり、配偶者の税額軽減額の算式において配偶者の法定相続分相当額を限度として計算しているため、配偶者の課税価格とその限度との差額部分については、配偶者の納付税額となります。

（ケース2）

(2)③の金額が②の配偶者の課税価格となった場合

⇨ **配偶者の課税価格が法定相続分又は1億6千万円以下の場合**

$$相続税の総額 × \dfrac{配偶者の課税価格}{課税価格の合計額} = 配偶者の税額軽減額$$

$$\|$$

$$相続税の総額 × \dfrac{配偶者の課税価格}{課税価格の合計額} = 配偶者の算出相続税額$$

　上記のとおり、配偶者の税額軽減額の算式と配偶者の算出税額の算式は全く同じとなるため、配偶者の納付税額はゼロとなります。

　以下の資料により配偶者の税額軽減額を求めなさい。

⑴　配偶者乙の課税価格（配偶者乙の法定相続分は1/2）　416,000,000円

⑵　相続税の課税価格の合計額　　　　　　　　　　　　800,000,000円

⑶　相続税の総額　　　　　　　　　　　　　　　　　　226,000,000円

⑷　配偶者乙の算出相続税額　　　　　　　　　　　　　117,520,000円

解　答

（単位：円）

⑴　算出相続税額

　　117,520,000

⑵　軽減額

①　配偶者の法定相続分相当額

> 配偶者の法定相続分相当額が1億6千万円以上のときは不等号は「≧」で示します。

$$800,000,000 \times \frac{1}{2} = 400,000,000 \boxed{\geqq} 160,000,000$$

　∴　400,000,000

②　配偶者の課税価格

　　416,000,000

③　①と②のいずれか低い金額

①＜②　∴　400,000,000

④ $\dfrac{226,000,000 \times 400,000,000}{800,000,000} = 113,000,000$

> ⑴の金額の方が⑵の金額よりも大きいので、不等号は「＞」となります。

⑶　控除額

⑴ $\boxed{>}$ ⑵④　∴　113,000,000

【参　考】

　配偶者の算出相続税額を求めたら、配偶者の税額軽減額などの税額控除額を差し引いて最終的な納付税額を計算します。

＜各相続人等の納付すべき相続税額の計算＞

項目＼相続人等	乙	A	B	C	D	合　計
あ ん 分 割 合	0.52	0.××	0.××	0.××	0.××	1.00
算 出 相 続 税 額	117,520,000	××××	××××	××××	××××	226,000,000
2 割 加 算 額						
配偶者の税額軽減額	△113,000,000					
納 付 税 額（百円未満切捨）	4,520,000	×××00	×××00	×××00	×××00	

（注）配偶者には2割加算額はありません。

　　以下の資料により配偶者の税額軽減額を求めなさい。

⑴　配偶者乙の課税価格(配偶者乙の法定相続分は1/2)　　156,000,000円

⑵　相続税の課税価格の合計額　　　　　　　　　　　　　300,000,000円

⑶　相続税の総額　　　　　　　　　　　　　　　　　　　40,978,600円

⑷　配偶者乙の算出相続税額　　　　　　　　　　　　　　21,308,872円

解　答

(単位：円)

⑴　算出相続税額

　　21,308,872

⑵　軽減額

　　①　配偶者の法定相続分相当額

> 配偶者の法定相続分相当額が1億6千万円
> 未満のときは不等号は「＜」で示します。

　　　　$300,000,000 \times \dfrac{1}{2} = 150,000,000 \boxed{<} 160,000,000$

　　　　∴　160,000,000

　　②　配偶者の課税価格

　　　　156,000,000

　　③　①と②のいずれか低い金額

　　　　①＞②　∴　156,000,000

　　④　$\dfrac{40,978,600 \times 156,000,000}{300,000,000} = 21,308,872$

> ⑴の金額が⑵の金額以下なので、不等号は
> 「≦」となります。

⑶　控除額

　　⑴$\boxed{\leqq}$⑵④　∴　21,308,872

【参　考】

　　配偶者の算出相続税額が配偶者の税額軽減額以下の場合には、最終的な納付税額はゼロです。

＜各相続人等の納付すべき相続税額の計算＞

項目＼相続人等	乙	A	B	C	D	合　計
あ ん 分 割 合	0.52	0.××	0.××	0.××	0.××	1.00
算 出 相 続 税 額	21,308,872	××××	××××	××××	××××	40,978,600
2 割 加 算 額						
配偶者の税額軽減額	△21,308,872					
納 付 税 額 （百円未満切捨）	0	×××00	×××00	×××00	×××00	

（注）配偶者には2割加算額はありません。

各相続人等の納付すべき相続税額を求めなさい。

【資　料】

被相続人及び相続人等は以下のとおりである。

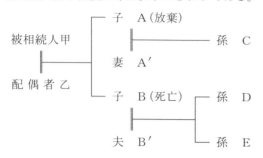

被相続人甲

配偶者乙

子　A（放棄）　――　孫　C

妻　A′

子　B（死亡）　――　孫　D

夫　B′　　　　　　　孫　E

1　各人の課税価格の計算

（単位：千円）

	配偶者乙	子　　A	孫　　C	孫　　D	孫　　E	計
相続・遺贈財産	399,567	115,620	105,820	54,810	46,960	
みなし取得財産	60,000	20,000	10,000			
債　務　控　除	△ 25,000	△ 10,000				
課　税　価　格	434,567	125,620	115,820	54,810	46,960	777,777

2　相続税の総額の計算

課　税　価　格　の　合　計　額	遺産に係る基礎控除額	課　税　遺　産　額
777,777　　　　　　千円	30,000＋6,000×4人＝54,000　千円	723,777　　　　　　千円

法定相続人	法定相続分	法定相続分に応ずる取得金額	相続税の総額の基となる税額
配偶者乙	$\dfrac{1}{2}$	361,888　千円	138,944,000　円
子　　　A	$\dfrac{1}{2}\times\dfrac{1}{2}=\dfrac{1}{4}$	180,944	55,377,600
孫　　　D	$\dfrac{1}{2}\times\dfrac{1}{2}\times\dfrac{1}{2}=\dfrac{1}{8}$	90,472	20,141,600
孫　　　E	$\dfrac{1}{2}\times\dfrac{1}{2}\times\dfrac{1}{2}=\dfrac{1}{8}$	90,472	20,141,600
合計　4人	1		相続税の総額　234,604,800円

3　各相続人等の納付すべき相続税額の計算

（単位：円）

	配偶者乙	子　　A	孫　　C	孫　　D	孫　　E	計
あん分割合	0.56	0.16	0.15	0.07	0.06	1.00
算　出　税　額	131,378,688	37,536,768	35,190,720	16,422,336	14,076,288	234,604,800
2　割　加　算　額						
配偶者の税額軽減額						
納付すべき相続税額						

解　答

1　各人の課税価格の計算

(単位：千円)

	配偶者乙	子　　A	孫　　C	孫　　D	孫　　E	計
相続・遺贈財産	399,567	115,620	105,820	54,810	46,960	
みなし取得財産	60,000	20,000	10,000			
債　務　控　除	△ 25,000	△ 10,000				
課　税　価　格	Ⓒ434,567	125,620	115,820	54,810	46,960	777,777

2　相続税の総額の計算

課　税　価　格　の　合　計　額	遺産に係る基礎控除額	課　　税　　遺　　産　　額
Ⓐ777,777　　　千円	30,000＋6,000×4人＝54,000　　千円	723,777　　千円

法定相続人	法　定　相　続　分	法定相続分に応ずる取得金額	相続税の総額の基となる税額
配偶者乙	Ⓑ$\frac{1}{2}$	361,888　　千円	138,944,000　　円
子　　　　A	$\frac{1}{2}×\frac{1}{2}=\frac{1}{4}$	180,944	55,377,600
孫　　　　D	$\frac{1}{2}×\frac{1}{2}×\frac{1}{2}=\frac{1}{8}$	90,472	20,141,600
孫　　　　E	$\frac{1}{2}×\frac{1}{2}×\frac{1}{2}=\frac{1}{8}$	90,472	20,141,600
合計　4人	1		相続税の総額　Ⓓ234,604,800円

3　各相続人等の納付すべき相続税額の計算

(単位：円)

	配偶者乙	子　　A	孫　　C	孫　　D	孫　　E	計
あん分割合	0.56	0.16	0.15	0.07	0.06	1.00
算　出　税　額	131,378,688	37,536,768	35,190,720	16,422,336	14,076,288	234,604,800
2　割　加　算　額			7,038,144			
配偶者の税額軽減額	△117,302,400					
納付すべき相続税額	14,076,200	37,536,700	42,228,800	16,422,300	14,076,200	

4　算出税額の2割加算額及び控除額の計算

(単位：円)

控除等の項目	対象者	計　　算　　過　　程	金　　　額
2　割　加　算　額	孫　　C	$35,190,720×\frac{20}{100}=7,038,144$	7,038,144
配　偶　者　の　税　額　軽　減　額	配偶者乙	(1)　131,378,688 (2)① Ⓐ777,777,000×Ⓑ$\frac{1}{2}$＝388,888,500≧160,000,000 　　　　　　　　　　　∴　388,888,500 　　② Ⓒ434,567,000 　　③ ①＜②　∴　388,888,500 　　④ $\frac{Ⓓ234,604,800×388,888,500}{Ⓐ777,777,000}$＝117,302,400 (3)　(1)＞(2)④　∴　117,302,400	△ 117,302,400

　　　　　答案用紙に記載したⒶⒷⒸⒹの金額を転記して控除算式を作ります。

Section 4 未成年者控除

未成年者が20歳に達するまでの養育費の負担を考慮して設けられています。
このSectionでは、未成年者控除について学習します。

2級 出題
3級

1 概 要

相続又は遺贈により財産を取得した者（居住制限納税義務者、非居住制限納税義務者に該当する者を除きます。）が未成年者である場合には、算出税額から10万円にその者が18歳に達するまでの年数（１年未満切上げ）を乗じて算出した金額を控除した金額をもってその納付すべき相続税額とします。

2 適用要件等（法19の３）

1．適用対象者

相続又は遺贈により財産を取得した者で、次のすべての要件を満たすものであること

(1) 居住無制限納税義務者又は非居住無制限納税義務者*01)

(2) 法定相続人(注)

(3) 18歳未満の者*02)

(注) 相続の放棄により、相続人に該当しないこととなった場合でも、法定相続人に該当すれば適用を受けることができます。

*01) 無制限納税義務者に適用される規定となります。

*02) 民法改正に伴い、令和４年（2022年）４月１日から18歳未満の者に変更されています。

2．納付すべき相続税額

$$
\begin{array}{c}
\boxed{\begin{array}{c} 算 \ 出 \ 税 \ 額 \\ \left(\begin{array}{c}配偶者の税額軽減までを\\適用して計算した金額^{*03)}\end{array}\right) \end{array}} - \boxed{未成年者控除額} = \boxed{納付税額}
\end{array}
$$

*03) 各税額控除の適用順序に従い、配偶者の税額軽減の次に未成年者控除を適用します。

≪各税額控除項目の適用順序≫

算出相続税額 ＋ ２割加算額 － 配偶者の税額軽減額 － 未成年者控除額 － 障害者控除額 ＝ 納付税額

配偶者の税額軽減額 → 障害者控除額 適用順序厳守

3. 控除額

【算式パターン】

10万円×（18歳[04]－その者の年齢（1年未満切捨））

*04）民法改正に伴い、令和4年
　　（2022年）4月1日から18歳
　　に変更されています。

┌─＜例題1＞────────────────────────┐

次の資料により、未成年者控除額を求めなさい。

被相続人甲　┬── 子　A（17歳1月）……居住無制限納税義務者

　　　　　　├── 子　B（15歳11月）……非居住制限納税義務者

配偶者乙　　└── 胎児C（出　　生）……居住無制限納税義務者

└─────────────────────────────┘

＜解　答＞

　子　A：100,000円×（18歳－17歳）＝100,000円

　子　B：非居住制限納税義務者のため適用なし

　胎児C：1,800,000円[05]

*05）胎児が出生した場合の未成
　　年者控除額は、満額の180
　　万円（＝10万円×18年）で
　　す。

┌─＜例題2＞────────────────────────┐

次の資料により、未成年者控除額を求めなさい。

なお、全員居住無制限納税義務者に該当している。

被相続人甲　┬── 子　A（17歳5月）（相続放棄）

　　　　　　├── 子　B（14歳6月）

配偶者乙　　└── 養子C（7歳9月）

└─────────────────────────────┘

＜解　答＞[06]

　子　A：100,000円×（18歳－17歳）＝　　100,000円

　子　B：100,000円×（18歳－14歳）＝　　400,000円

　養子C：100,000円×（18歳－7歳）＝1,100,000円

*06）適用対象者は法定相続人で
　　あることから、相続放棄者
　　や養子も適用対象者に該当
　　します。

Section 5 障害者控除

障害者の生活保障を考慮し、社会福祉の増進を図るため設けられています。
このSectionでは、障害者控除について学習します。

2級
出題
3級

1 概 要

相続又は遺贈により財産を取得した者が障害者である場合には、その者については、算出税額から10万円（特別障害者である場合には20万円）にその者が85歳に達するまでの年数（1年未満切上げ）を乗じて算出した金額を控除した金額をもってその納付すべき相続税額とします。

2 適用要件等（法19の4）

1. 適用対象者

相続又は遺贈により財産を取得した者で、次のすべての要件を満たすものであること

(1) 居住無制限納税義務者[*01]

(2) 法定相続人

(3) 障害者

*01) 国外に住所を有する者には障害者控除の適用はありません。未成年者控除の場合には、非居住無制限納税義務者にも適用があるので、違いに注意してください。

2. 納付すべき相続税額

| 算 出 税 額 （未成年者控除までを適用して計算した金額[*02]） | − | 障害者控除額 | = | 納付税額 |

*02) 18歳未満の障害者については、未成年者控除と障害者控除の重複適用が可能です。

3. 控除額

【算式パターン】

一般障害者10万円
特別障害者20万円 　×（85歳−その者の年齢（1年未満切捨））

3 障害者の意義[*01]（法19の4②）

障害者とは、精神上の障害により事理を弁識する能力を欠く常況にある者、失明者その他の精神又は身体に障害がある者をいい、特別障害者とは、その障害者のうち精神又は身体に重度の障害がある者をいいます。

*01) 一般障害者と特別障害者との区分は以下のとおりです。
①身体障害者手帳
・等級が1級・2級の者
⇒特別障害者
・等級が3級～6級の者
⇒一般障害者
②精神障害者保健福祉手帳
・等級が1級の者
⇒特別障害者
・等級が2級・3級の者
⇒一般障害者

<＜例題1＞>

次の資料により、障害者控除額を求めなさい。

なお、全員居住無制限納税義務者に該当している。

```
               ┌─ 兄　　丙
父（死亡）─┬─ 被相続人甲 ──┬─ 子　　A（12歳4月）（放棄）
         │                │
         │    配偶者乙      └─ 子　　B（9歳10月）（放棄）
母（死亡）─┼─ 弟　　丁（52歳10月）
         └─ 妹　　戊（45歳8月）
```

（注）子A及び妹戊は一般障害者、子Bは特別障害者に該当する。

＜解　答＞

子　　A：100,000円×（85歳－12歳）＝7,300,000円

子　　B：200,000円×（85歳－9歳）＝15,200,000円

妹　　戊：法定相続人でないため適用なし

<＜例題2＞>

次の資料により、障害者控除額を求めなさい。

なお、全員居住無制限納税義務者に該当している。

（相続開始日：令和6年4月20日）

```
被相続人甲 ──┬─ 子　　A（昭和63年8月15日生）
            │
  配偶者乙    └─ 子　　B（平成14年1月10日生）
```

（注）子Aは特別障害者、子Bは一般障害者に該当する。

＜解　答＞

子　　A：200,000円×（85歳－35歳）＝10,000,000円

子　　B：100,000円×（85歳－22歳）＝6,300,000円

<＜生年月日が与えられている場合＞>[*02]

```
子A                        子B
     98
   S̶9̶6̶.4.20                 H36.4.20
   S 63.8.15                H 14.1.10
   ─────────                ─────────
     35 歳                    22 歳
```

[*02] 年齢計算ではひっ算をして確認するとよいです。なお、適用対象者の生年月日が平成や昭和の場合には、換算が必要となります。

令和➡平成
「30」を加算します。
　例：R6＋30＝H36

令和➡昭和
「93」を加算します。
　例：R6＋93＝S99

◆より身近になった相続税◆

　「増税」というフレーズで最も身近に感じるのは消費税かもしれませんが、「相続税の大増税時代」も平成27年1月1日からスタートし、平成27年に申告した相続人の数は前年と比べおよそ2倍に増加しました。具体的には、相続税の基礎控除額は「5,000万円＋1,000万円×法定相続人の数」から「3,000万円＋600万円×法定相続人の数」となり、従前の60％にまで引き下げられました。例えば、東京などの大都市圏に自宅を持ち、上場会社の部長クラスであれば、これまで全く縁のなかったサラリーマン家族でさえ、将来相続税を納める可能性があるのです。

　なお、税制改正により相続税の基礎控除が大きく引き下げられた趣旨については、財務省から以下のような説明がなされています。
『相続税の基礎控除は、昭和63年以降、主にバブル期の地価高騰を背景に累次にわたり引き上げられてきました。その後地価が下落し、バブル期以前の水準に戻ったにもかかわらず、基礎控除の水準が据え置かれたままになっているため、相続税の負担はバブル期以前の水準に比べ大幅に軽減されていました。その結果、バブル期はもちろんバブル期以前に比べても課税件数や納税者の負担水準が低下しており、相続税の有する資産の再分配機能は低下している状況が続いていました。
　こうした状況を踏まえ、相続税の再分配機能の回復及び格差の固定化の防止等の観点から、相続税の基礎控除の引き下げが行われました。』

　さて、基礎控除引き下げ後においても、まだ節税方法として有効なのが養子縁組です。現行において、基礎控除額の計算における600万円の比例部分については、いまだ法定相続人の数に養子を1人（又は2人）まで加えることができます。サラリーマン家族にとって、600万円（又は1,200万円）も基礎控除額が増えることは大きな節税になるでしょう。
　しかし、養子縁組を利用した節税については、これまでも税制改正により封じられてきた経緯があります。例えば、上記に示した養子の数の制限も、昭和63年度の税制改正により加わったもので、それまでは無制限に養子縁組をすることで基礎控除額の比例部分の金額を増やすという方法により行き過ぎた節税が横行していました。また、孫に財産を遺贈し、相続の課税回数を減らすと同時にその孫と養子縁組をして2割加算も避けるという節税方法もありましたが、これも平成15年度の税制改正により封じられ、現行において孫養子は2割加算対象者となっています。
　このように行き過ぎた節税方法は、遅かれ早かれ税制改正により封じられてしまうという運命にあると言えるのです。

Chapter

6

贈与税額の計算

贈与税の納税義務者と課税財産の範囲

贈与により財産を取得した者は、贈与税の納税義務を負います。
このSectionでは、贈与税の納税義務者を中心に学習します。

2級 出題
3級 出題

1 贈与税の納税義務者の区分*01)

2級 出題 3級 出題

*01) 贈与税の納税義務者の区分
についても、基本は相続税
の納税義務者の区分と同じ
考え方です。

　贈与税の納税義務者は、原則として贈与（死因贈与を除きます。）
により財産を取得した個人です。

　また、その個人及び贈与者の住所・国籍の違いによって、以下の
4つの納税義務者の種類に区分されます。

＜納税義務者の判定フローチャート＞

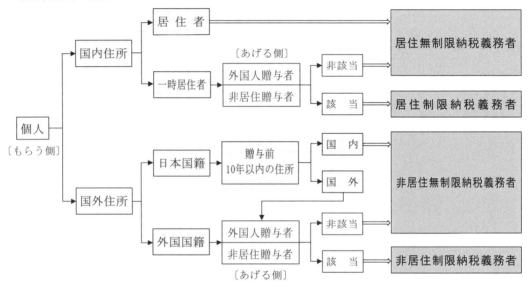

3級では、無制限納税義務者までが出題範囲です。
2級では、制限納税義務者も出題範囲となります。

2 贈与税の課税財産の範囲（法2の2） 2級 出題 3級 出題

1．納税義務者の区分と課税財産の範囲

納税義務者の区分		課税財産の範囲
個人	居住無制限納税義務者	無制限納税義務者	取得した**すべての財産**
	非居住無制限納税義務者		
	居住制限納税義務者	制限納税義務者	取得した**国内財産**
	非居住制限納税義務者		

【参 考】贈与税の課税財産の範囲（日本人に限定した場合）

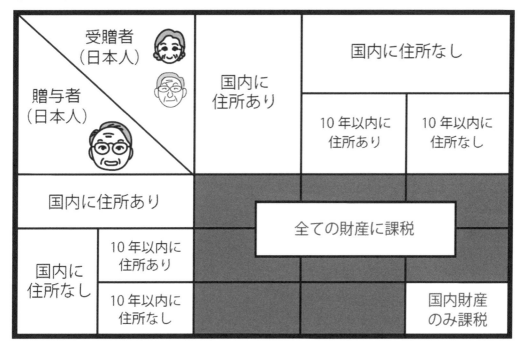

贈与税の課税財産の範囲についても相続税の場合と同じです。なお、課税財産の範囲は、武富士事件で国側が敗訴したことをきっかけに、非居住無制限納税義務者の区分を追加し、贈与者の住所も考慮するなど、租税回避を防ぐための税制改正を繰り返してきました。平成29年度の税制改正においても、これまで「5年ルール」と言われてきた租税回避を防ぐため、贈与者と受贈者の国内住所期間を5年から10年に引き上げて、防止策の先手を打ちました。

☞ 武富士事件については、Chapter7～9の章末で紹介しています。

1 贈与税の課税価格

2級 出題　3級 出題

1．概　要

贈与税の課税価格を計算するには、贈与により取得した財産のほか
に、満期保険金などのみなし贈与財産*01)も加えていきます。それらの
財産のうち、非課税とされる財産を除いた金額が贈与税の課税価格
（千円未満切捨）となります。

*01)他に低額譲受益や債務免除
益などもあります。詳細は
このSectionで学習します。

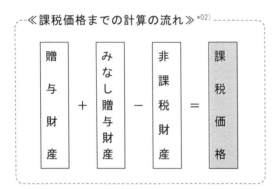

≪課税価格までの計算の流れ≫*02)

贈与財産 ＋ みなし贈与財産 － 非課税財産 ＝ 課税価格

*02)相続税の場合、マイナスの
財産を承継することも考慮
して正味財産課税のもと、
債務控除をした後の金額を
課税価格としていますが、
贈与税の場合には債務控除
の規定はありません。

2．納税義務者の区分*03)と課税価格

*03)贈与税の場合には暦年単位
課税であるため、贈与によ
り財産を取得した時ごとに
納税義務者の区分を分類し
て課税価格を計算します。
したがって、受贈者が1暦
年中に複数の納税義務者の
区分に該当するケースもあ
ります。

	納税義務者の区分		課税価格
(1)	居住無制限納税義務者	無制限納税義務者	全財産の合計額
	非居住無制限納税義務者		
(2)	居住制限納税義務者	制限納税義務者	国内財産の合計額
	非居住制限納税義務者		
(3)	上記(1)と(2)の複数区分に該当する場合		(1)と(2)を合わせた財産

＜(3)の図解＞

〔1暦年中に複数の納税義務者の区分に該当する場合〕

| 非居住無制限納税義務者 | 非居住制限納税義務者 | 申告期間 |

| 1/1 | 国内財産 | 国外財産 | 国内財産 | 国内財産 | 国内財産 | 国外財産 | 12/31 | 翌年2/1 | 3/15 |

○100　○200　○300　○400　○500　×600　〔課税価格〕＝1,500

2 みなし贈与財産 `2級 出題` `3級 出題`

1. 生命保険金等の課税要件等（法5①）

項　　目	内　　　　　容
課 税 要 件	(1)　生命保険契約[*01]又は損害保険契約の保険事故 (2)　契約に係る保険料の全部又は一部が保険金受取人以外の者によって負担されているとき
課 税 時 期	保険事故が発生した時[*02]
課 税 対 象 者	保険金受取人
課 税 財 産	保険金 × $\dfrac{\text{保険金受取人以外の者が負担した保険料}^{※}}{\text{保険事故の発生時までに払い込まれた保険料の全額}}$
贈 与 者	保険料を負担した者[*02]
取 得 原 因	贈与により取得したものとみなす

※　保険金受取人以外の者が被相続人の場合には、保険金受取人に対しては相続税が課税されるため、贈与税の課税はありません。[*03]

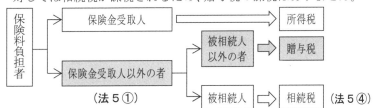

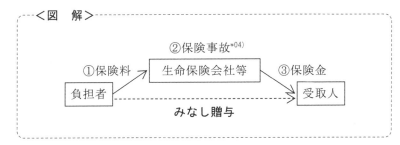

⑴　死亡保険金の場合

　①　被相続人＝保険料負担者≠保険金受取人の場合　➡　相続税

　②　被相続人≠保険料負担者≠保険金受取人の場合　➡　**贈与税**

　③　被相続人≠保険料負担者＝保険金受取人の場合　➡　所得税

⑵　満期保険金の場合

　①　保険料負担者＝保険金受取人の場合　➡　所得税

　②　保険料負担者≠保険金受取人の場合　➡　**贈与税**

*01) 満期となった場合に保険金が支払われる契約もあります。この場合には被保険者の死亡ではないので贈与税や所得税が発生します。

*02) 相続は「いつ」「誰から」を明記しなくても「相続開始時」「被相続人から」というのは明らかです。贈与はいつでも誰からでも行うことができることから課税時期と贈与者を明らかにする必要があります。

*03) 法5①の課税要件において保険料負担者を「保険金受取人以外の者」と規定しているため、保険金受取人以外の者が被相続人の場合には、相続税と贈与税が重複して課税されてしまうことから、法5④により重複を避ける措置がとられています。

*04) 保険事故には、死亡・満期以外にも傷害や病気などもあります。なお、傷害や病気を保険事故とする保険金については、税金は課税されません。

3. 返還金等（基通3-39）

生命保険契約又は損害保険契約について返還金等[*05]の取得があった場合には、上記1の贈与税の課税される生命保険金等の規定を準用します。

*05) 契約の定めるところにより生命保険契約の解除または失効によって支払を受ける金額又は払戻金をいいます。

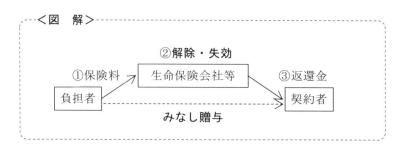

―＜図　解＞―

②解除・失効

①保険料 → 生命保険会社等 → ③返還金

負担者 －－－－－－－－－－－－－→ 契約者

みなし贈与

―＜例　題＞―

子Aは満期を迎えた保険金8,000千円を取得したが、これに係る保険料は甲と子Aが1/2ずつ負担していた。また、甲が保険料の全額を負担していた生命保険契約を解約し、契約者である子Aに解約返戻金2,000千円が支払われた。この他に、子Aは交通事故による傷害保険金500千円も取得しているが、これに係る保険料は甲が全額負担している。この場合、子Aの贈与税の課税価格を答えなさい。

＜解　答＞

生命保険金　$8,000千円 \times \dfrac{1}{2} = 4,000千円$

解約返戻金　2,000千円

傷害保険金　課税対象外

4. 低額譲受益（法7）

<ruby>低額譲受益<rt>ていがくゆずりうけえき</rt></ruby>

≪課税される場合≫

	内　　　容
課 税 要 件	著しく低い価額の対価で財産の譲渡を受けた場合[*06]
課 税 時 期	その財産の譲渡の時
課 税 対 象 者	その財産の譲渡を受けた者
課 税 金 額	譲渡時の時価 － 対価
贈与者（遺贈者）	その財産を譲渡した者
取 得 原 因	贈与又は遺贈により取得したものとみなす

*06) 相続税法においては著しく低い価額について他の税法（時価の2分の1に満たない金額）のように明文化されていないため、相続税評価額に満たない対価で財産の譲渡があった場合には、低額譲受益の規定の適用があることとなります。

≪課税されない場合≫

	内　　　容
要　　　件	譲渡を受ける者が資力を喪失して債務を弁済することが困難である場合[*07]で、その者の扶養義務者からその債務の弁済に充てるためになされた譲渡であるとき
課税されない金額	次の①と②のうちいずれか少ない金額[*08] ①　贈与又は遺贈により取得したものとみなされた金額 ②　その債務を弁済することが困難である部分の金額

*07) 社会通念上債務の支払いが不能と認められる場合とされ、自己破産の程度に至らない場合も含まれます。

*08) 債務の弁済のために親から子に行われた低額譲渡であるときは、債務の弁済額を限度として課税対象外となります。

≪課税対象となる金額≫

【算式パターン】

譲渡財産の時価（相続税評価額）－対価＝低額譲受益[(注)]

（注）　課税されない金額[*09]

債務超過額＞（＜）低額譲受益　∴　少ない金額

*09) 親から子に50,000千円の財産が20,000千円で譲渡された場合、30,000千円が贈与税の課税対象となるわけですが、子が25,000千円の債務超過の状態にあったときには、25,000千円は課税されません。

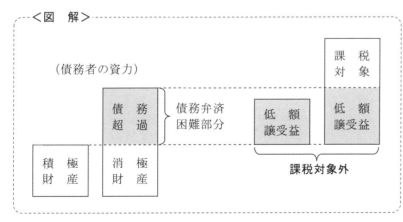

＜図　解＞

（債務者の資力）

| 債　務
超　過 | 債務弁済
困難部分 | 低　額
譲受益 | 低　額
譲受益 |

課　税
対　象

| 積　極
財　産 | 消　極
財　産 |

課税対象外

5．債務免除益等（法8）

≪課税される場合≫

	内　　　　容
課　税　要　件	対価を支払わないで又は著しく低い価額の対価で債務の免除・引受・弁済による利益を受けた場合*10)
課　税　時　期	その債務の免除・引受・弁済があった時
課　税　対象者	その債務の免除・引受・弁済により利益を受けた者
課　税　金　額	債務金額　－　支払対価
贈与者（遺贈者）	その債務の免除・引受・弁済をした者
課　税　原　因	贈与又は遺贈により取得したものとみなす

≪課税されない場合≫

	内　　　　容
要　　　　件	債務者が資力を喪失して債務を弁済することが困難である場合 ①　その債務の全部又は一部の免除を受けたとき*11) ②　その債務者の扶養義務者によって、その債務の全部又は一部の引受・弁済がなされたとき*12)
課税されない金　　　額	次の①と②のうちいずれか少ない金額 ①　贈与又は遺贈により取得したものとみなされた金額 ②　その債務を弁済することが困難である部分の金額

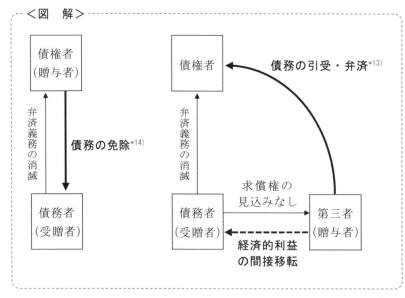

＜図　解＞

*10) これまで学習してきた経済的な利益は、積極財産が増加した場合です。しかし、経済的利益は積極財産の増加のみではなく消極財産が減少している場合にも受けていると考えます。この債務免除益等は、消極財産の減少に着目して課税を行うというものです。

*11) 債務免除益は、当事者間の行為であるため、扶養義務者からの免除に限定される必要はありません。

*12) 債務引受・弁済益は、低額譲受益同様、債務者が債務超過の状態に陥っている場合に、その行為が扶養義務者から行われた場合には、債務超過分までは課税を受けることはありません。

*13) 債務の引受は債務者に代わって債務を引受ける意思表示をなす行為であり、債務の弁済は債務者に代わって債務を弁済する行為です。

*14) 債務の免除は債権者が債務を免除する意思表示をすることによって債務を消滅させる行為（債権放棄）です。

6．その他の利益の享受益（法9）

≪課税される場合≫

	内　　　　　容
課　税　要　件	対価を支払わないで又は著しく低い価額の対価で利益を受けた場合*15)
課　税　時　期	その利益を受けた時
課　税　対　象　者	その利益を受けた者
課　税　金　額	利益の金額 － 支払対価
贈与者（遺贈者）	その利益を受けさせた者
課　税　原　因	贈与又は遺贈により取得したものとみなす

*15) 租税法律主義、課税要件法定主義の見地から、相続税法第9条は曖昧すぎる、として争った案件もありますが、この第9条は課税の最後の砦としてのもので、何らかの経済的な利益を受けた場合には、課税を行うとする規定です。

≪課税されない場合≫

	内　　　　　容
要　　　　件	利益を受ける者が資力を喪失して債務を弁済することが困難である場合で、その者の扶養義務者からその債務の弁済に充てるためになされた行為であるとき
課税されない金額	次の①と②のうちいずれか少ない金額 ① 贈与又は遺贈により取得したものとみなされた金額 ② その債務を弁済することが困難である部分の金額

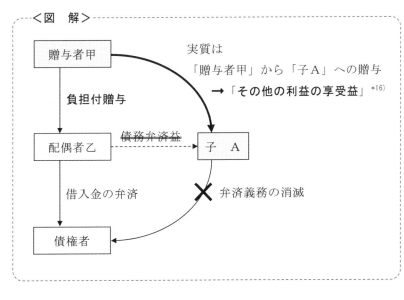

＜図　解＞

実質は
「贈与者甲」から「子A」への贈与
→「その他の利益の享受益」*16)

*16) 乙とAだけの関係をみるとAが乙から債務弁済益を受けたことになりますが、この借入金の弁済は甲の負担付贈与により弁済義務が消滅したといえます。したがって、Aに対する課税は「その他の利益の享受益」となります。

＜例　題＞

　次の問において、贈与税の課税対象となる金額を求めなさい。

問1

　甲は子Aに対し時価20,000千円の財産を8,000千円で譲渡した。なお、子Aには銀行からの借入金が15,000千円あり、預金5,000千円があるのみで債務を弁済することが困難な状況にあった。

問2

　甲は友人丙に対する貸付金15,000千円の債権を放棄した。なお、友人丙の債務超過額は10,000千円である。

問3

　甲は子Bの銀行借入金30,000千円を肩代わり弁済した。なお、子Bの債務超過額は25,000千円であり、子Bに対する求償権を行使できる見込みはない。

問4

　甲は子Dの銀行借入金10,000千円を子Cが銀行に返済することを条件として、子Cに絵画30,000千円を贈与した。

＜解　答＞　　　　　　　　　　　　　　　　　　（単位：千円）

問1

　子　A（低額譲受益）

　20,000－8,000＝12,000

　12,000－※10,000＝2,000

　※　15,000－5,000＝10,000*17) ＜12,000　∴　10,000

*17）子Aの債務超過額10,000千円までは課税されません。

問2

　友人丙（債務免除益*18)）

　15,000－※10,000＝5,000

　※　15,000＞10,000　∴　10,000

*18）債権の放棄をしたとは、裏を返せば、債務の免除をしたことと同じですので、債務免除益となります。

問3

　子　B（債務弁済益）

　30,000－※25,000＝5,000

　※　30,000＞25,000　∴　25,000

問4

　子　C（負担付贈与）

　30,000－10,000＝20,000

　子　D（その他の利益の享受益*19)）

　10,000

*19）子Cは甲から負担付贈与を受けていますが、子Dは甲から10,000千円の間接的利益を受けているため「その他の利益の享受益」となります。

〔法7・8・9の課税体系のまとめ〕

≪課税される場合≫

	低 額 譲 受 益	債 務 免 除 益 等	その他の利益の享受益
課 税 要 件	著しく低い価額の対価で財産の譲渡を受けた場合	対価を支払わないで又は著しく低い価額の対価で債務の免除・引受・弁済による利益を受けた場合	対価を支払わないで又は著しく低い価額の対価で利益を受けた場合
課 税 時 期	その財産の譲渡の時	その債務の免除・引受・弁済があった時	その利益を受けた時
課 税 対 象 者	その財産の譲渡を受けた者	その債務の免除・引受・弁済により利益を受けた者	その利益を受けた者
課 税 金 額	譲渡時の時価 － 対価	債務金額 － 支払対価	利益の金額 － 支払対価
贈 与 者 又 は 遺 贈 者	その財産を譲渡した者	その債務の免除・引受・弁済をした者	その利益を受けさせた者
課 税 原 因	贈与又は遺贈により取得したものとみなす		

≪課税されない場合≫

	低 額 譲 受 益	債 務 免 除 益 等	その他の利益の享受益
要 件	譲渡を受ける者が資力を喪失して債務を弁済することが困難である場合 その者の扶養義務者からその債務の弁済に充てるためになされた譲渡であるとき	債務者が資力を喪失して債務を弁済することが困難である場合 ① その債務の全部又は一部の免除を受けたとき ② その債務者の扶養義務者によって、その債務の全部又は一部の引受・弁済がなされたとき	利益を受ける者が資力を喪失して債務を弁済することが困難である場合 その者の扶養義務者からその債務の弁済に充てるためになされた行為であるとき
課税されない金額	次の①と②のうちいずれか少ない金額 ① 贈与又は遺贈により取得したものとみなされた金額 ② その債務を弁済することが困難である部分の金額		

低額譲受益（法7）、債務免除益等（法8）、その他の利益の享受益（法9）
については、2級からの出題範囲となります。

3 贈与税の非課税財産 （法21の3、法21の4、基通21の3-9）

　贈与税の課税対象となる財産の中には、その財産の性質や社会政策的な見地、国民感情などから見て、課税対象とすることが適当でない財産があります。

　したがって、このような財産を贈与税の課税価格に算入しない旨の規定を設けています。

1．法人からの贈与により取得した財産

┌──── 理　由 ────
│　法人には相続の開始が起こり得ないため、法人からの贈与については相続税の課税は発生しないことから、相続税の補完税である贈与税の課税も発生しないこととなります。*01)
└────────────

*01) 贈与税の代わりに所得税が課税されます。

2．扶養義務者相互間における生活費又は教育費の贈与 *02)

┌──── 理　由 ────
│　生活費又は教育費は、日常生活上最低限の費用であり、その負担者との関係からみてそれを課税対象とすることは国民感情の面から適当でないため設けられています。
└────────────

*02) 扶養する者の資力及び扶養される者の生活状況その他の事情を勘案して社会通念上、通常必要と認められる範囲のみの贈与が非課税の対象です。

⑴　生活費の意義

　生活費とは、その者の通常の日常生活を営むのに必要な費用をいい、治療費、養育費その他これらに準ずるもの

⑵　教育費の意義

　教育費とは、被扶養者の教育上、通常必要と認められる学資、教材費、文具費等をいい、義務教育費に限りません。

⑶　生活費及び教育費の取扱い

　必要な都度の贈与 *03) については非課税です。通常必要と認められる金額の範囲内でも一括贈与の場合には課税対象となりえます。また、生活費又は教育費の名義で取得した財産を預貯金とした場合又は株式の買入代金若しくは家屋の買入代金に充当した場合には、贈与税が課税されます。

*03) 例えば、大学に通う子が親から家賃の仕送りを受ける場合に、毎月贈与を受けるときは非課税ですが、1年分を一括贈与されると課税される可能性があります。

3．公益事業用財産*04)

> ─理　由─
> 公共性の高い民間公益事業の特殊性を考慮してその保護育成の見地から設けられています。

（注）　課税価格に算入される場合

その財産を取得した者がその財産を取得した日から2年を経過した日において、なおその財産をその公益を目的とする事業の用に供していない場合には、取得時の価額で贈与税の課税価格に算入し、課税計算のやり直しを行います。

*04) 相続税の非課税財産にも同規定がありますが、取得原因が相続や遺贈の場合には相続税の非課税、取得原因が贈与の場合には贈与税の非課税です。

4．特定公益信託から交付される金品*05)

> ─理　由─
> 公益の増進に寄与する者について便益を与え、助成するために設けられています。

*05) 学術の研究に対する助成金又は学生等に対する奨学金の支給を行うことを目的とする特定公益信託から交付される金品です。

5．心身障害者共済制度に基づく給付金の受給権

> ─理　由─
> 条例の規定によりその範囲が限定されていること及び受給権の性格が心身障害者を扶養するためのものであることを考慮して設けられています。

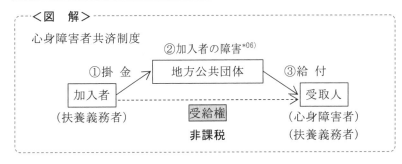

<図　解>

心身障害者共済制度

*06) 相続税の非課税財産にも同規定がありますが、加入者の死亡の場合には相続税の非課税、加入者の障害（死亡以外）の場合には贈与税の非課税です。

6．公職選挙法に基づき報告された金銭等*07)

> ─理　由─
> 選挙の公共性を考慮して設けられています。

*07) 公職選挙法の適用を受ける選挙における公職の候補者が選挙運動に関して贈与により取得した金銭、物品その他の財産上の利益で報告がなされたものです。

7. 特定障害者扶養信託契約^{*08)}に基づく信託受益権

*08) この契約では「障害者非課税信託申告書」を納税地の所轄税務署長に提出します。なお、障害者控除の規定と同じで障害者が居住無制限納税義務者の場合にのみ適用があります。

―理　由―

　心身障害者をかかえる親などが生活能力に乏しい心身障害者の生活安定のため、生前に確実な財産を与えておきたいと考えることを考慮して設けられています。

＜図　解＞

特定障害者扶養信託^{*09)}

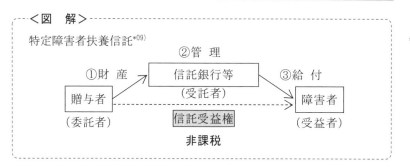

　　　　　　　　　②管　理
　　①財　産　┌─────────┐　③給　付
　　　　　　→│　信託銀行等　│
　┌─────┐　│　（受託者）　│　┌─────┐
　│贈与者│　└─────────┘　│障害者│
　└─────┘　　　　　　　　　　　→└─────┘
　（委託者）　┌─────────┐　（受益者）
　　　　　　　│　信託受益権　│
　　　　　　　└─────────┘
　　　　　　　　　　非課税

*09) この信託の場合には、受益者である障害者が信託受益権を贈与により取得したものとみなして贈与税を課税しますが、それを非課税としています。

＜障害者の区分^{*10)}に応じた非課税金額＞

特定障害者
3,000万円まで非課税

特別障害者
6,000万円まで非課税

*10) 特定障害者は中軽度の知的障害者とされた者及び精神障害者保健福祉手帳の障害等級が2級又は3級の者で障害者控除適用上の分類は一般障害者と同じです。
特別障害者は障害者控除適用上の分類と同じです。

【算式パターン】

（信託受益権の価額－[※]6,000万円＋その他の財産の価額－110万円）×税率＝贈与税額

※　信託受益権の価額＞（≦）6,000万円（特定障害者の場合3,000万円。以下同じ。）

　　∴　いずれか少ない金額

※　過去に非課税の適用を受けている場合

　　信託受益権の価額＞（≦）6,000万円－既控除額＝残額　∴　いずれか少ない金額

8. 香典、花輪代、年末年始の贈答、祝物又は見舞いなどのための金品で社交上必要と認められるもの^{*11)}

*11) 個人間における社交上必要と認められる贈与については、非課税とされています。

―理　由―

社交上必要と考えられるためです。

特定障害者扶養信託契約の信託受益権に係る非課税については、2級からの出題範囲となります。

以下の資料により、子Aの各年分の贈与税の課税価格を計算しなさい。

子A（日本国籍）は、以下の表のとおり財産（すべて国内財産である。）の贈与を受けている。

なお、子Aは日本国外に住所を有していたことはない。

贈 与 年 月 日	贈 与 者	贈 与 財 産	贈 与 時 の 時 価	（注）
×1年7月1日	父	信 託 受 益 権	15,000,000円	1
×2年1月5日	母	現 金	2,400,000円	2
×3年5月11日	父	信 託 受 益 権	20,000,000円	3

(注)1 父は子A（特別障害者以外の特定障害者に該当）を受益者として特定障害者扶養信託契約を
締結しており、子Aは納税地の所轄税務署長に対し障害者非課税信託申告書を提出している。
なお、子Aはこれ以前に障害者非課税信託申告書を提出したことはない。

2 母は大学に通う子Aへの生活費の仕送りとして年間2,400,000円の現金を贈与している。
なお、この現金の贈与は毎月200,000円の仕送りしていた合計額であり、贈与年月日は、
その贈与開始の日付である。また、子Aはこの現金を他の目的で使用したことはない。

3 上記(注)1の契約の追加信託であり、子Aは障害者非課税信託申告書を提出している。

| 解 答 | (単位：円) |

×1年分

15,000,000－※15,000,000＝0

※ 15,000,000≦30,000,000 ∴ 15,000,000

×2年分

0（扶養義務者相互間における生活費の贈与は非課税）

×3年分

20,000,000－※15,000,000＝5,000,000

※ 20,000,000＞30,000,000－15,000,000＝15,000,000 ∴ 15,000,000

| 解 説 |

① 特定障害者扶養信託契約に係る非課税は、居住無制限納税義務者のみが適用対象者であること、
非課税限度額が3,000万円（3,000万円に達するまでは追加信託により非課税の適用が可能）である
ことを確認しておきましょう。

② 母から子Aに対する現金の贈与は、扶養義務者相互間における生活費の都度贈与に該当するため、
贈与税は非課税となります。

③ 追加信託における非課税限度額は、過去に適用した非課税金額を控除した残額となります。

3 贈与税額の計算（暦年課税）

贈与税額は、贈与税の課税価格に基づいて受贈者単位で計算します。
このSectionでは、贈与税額の計算方法について学習します。

2級
3級
出題

1 贈与税額の計算方法

1. 一般贈与財産のみの場合

| その年分の課税価格
（一般贈与財産のみ） | − | 基礎控除額
（110万円） | = | 差引課税価格 |

| 差引課税価格 | × | 一般税率 | = | 贈与税額（百円未満切捨） |

○ 贈与税の速算表（一般税率）

基 礎 控 除 後 の 課 税 価 格	税 率	控 除 額	基 礎 控 除 後 の 課 税 価 格	税 率	控 除 額
2,000 千円以下	10%	——	10,000 千円以下	40%	1,250 千円
3,000 千円以下	15	100 千円	15,000 千円以下	45	1,750 千円
4,000 千円以下	20	250 千円	30,000 千円以下	50	2,500 千円
6,000 千円以下	30	650 千円	30,000 千円超	55	4,000 千円

2. 特例贈与財産(注)のみの場合

| その年分の課税価格
（特例贈与財産のみ） | − | 基礎控除額
（110万円） | = | 差引課税価格 |

| 差引課税価格 | × | 特例税率 | = | 贈与税額（百円未満切捨） |

（注） 特例贈与財産

　　　平成27年1月1日以後に直系尊属[01]からその年1月1日において18歳以上の者が贈与により取得した財産をいいます。

	受贈者の年齢	贈与者
要　　件	贈与年1月1日　　18歳以上[02]	受贈者の直系尊属

[01] 直系尊属とは受贈者の父・母又は祖父・祖母のことで、受贈者の配偶者の父・母等は該当しません。

[02] 民法改正に伴い、令和4年（2022年）4月1日から18歳以上の者に変更されています。

○ 贈与税の速算表（特例税率）

基 礎 控 除 後 の 課 税 価 格	税 率	控 除 額	基 礎 控 除 後 の 課 税 価 格	税 率	控 除 額
2,000 千円以下	10%	——	15,000 千円以下	40%	1,900 千円
4,000 千円以下	15	100 千円	30,000 千円以下	45	2,650 千円
6,000 千円以下	20	300 千円	45,000 千円以下	50	4,150 千円
10,000 千円以下	30	900 千円	45,000 千円超	55	6,400 千円

3. 一般贈与財産と特例贈与財産がある場合*03)

*03) 18歳以上の受贈者が直系尊属から贈与により取得した財産と直系尊属以外から贈与により取得した財産がある場合です。

$$\left[\begin{array}{c} \text{その年分の課税価格} \\ \text{一般贈与財産（A）} \\ + \\ \text{その年分の課税価格} \\ \text{特例贈与財産（B）} \end{array}\right] - \boxed{\begin{array}{c}\text{基礎控除額}\\(110万円)\end{array}} = \boxed{\text{合計差引課税価格}}$$

① 一般贈与財産に係る贈与税額

$$\boxed{\text{合計差引課税価格}} \times \boxed{\text{一般税率}} \times \frac{(A)}{(A)+(B)} = \text{贈与税額}$$

② 特例贈与財産に係る贈与税額

$$\boxed{\text{合計差引課税価格}} \times \boxed{\text{特例税率}} \times \frac{(B)}{(A)+(B)} = \text{贈与税額}$$

③ 納付すべき贈与税額

①＋②＝最終的な贈与税額（百円未満切捨）

<例 題>

次の問により各年分の納付すべき贈与税額を求めなさい。

問1

子A（25歳）は×1年中に各者から次の贈与を受けている。

(1) 父 B ×1年2月1日 有価証券 5,000千円

(2) 母 C ×1年6月30日 現 金 3,000千円

問2

妻乙（32歳）は×2年中に各者から次の贈与を受けている。

(1) 乙の夫甲 ×2年4月15日 土 地 10,000千円

(2) 乙の父丙 ×2年9月30日 有価証券 30,000千円

<解 答> （単位：千円）

問1 子 A*04)

$(5,000+3,000-1,100)\times30\%-900=1,170$

*04) 贈与年1月1日で18歳以上、かつ、直系尊属である父と母からの贈与であるため、全て特例贈与財産に該当します。

問2 妻 乙*05)

① $(10,000+30,000-1,100)\times55\%-4,000=17,395$

$17,395\times\dfrac{10,000}{10,000+30,000}=4,348,750$円

② $(10,000+30,000-1,100)\times50\%-4,150=15,300$

$15,300\times\dfrac{30,000}{10,000+30,000}=11,475$

③ ①＋②＝15,823,700円（百円未満切捨）

*05) 配偶者間の贈与については、一般贈与財産に該当します。したがって、夫甲からの贈与については一般贈与財産、父丙からの贈与については特例贈与財産として贈与税額を計算します。

Section 4 贈与税の配偶者控除

配偶者がマイホームの贈与を受けた場合、税負担の軽減措置を受けられます。
このSectionでは、贈与税の配偶者控除について学習します。

2級 3級 出題

1 概 要

　夫婦間における財産の贈与については、概して贈与という認識が薄いこと、夫婦財産の形成は夫婦の協力によって得られたものであるという考え方が強いこと、夫婦間の財産の贈与は生存配偶者の老後の生活保障を意図して行われることが少なくないことを考慮し、婚姻期間が20年以上である配偶者から居住用不動産又はその取得資金の贈与を受けた場合には、2,000万円を限度として贈与税の課税価格から控除することができます。

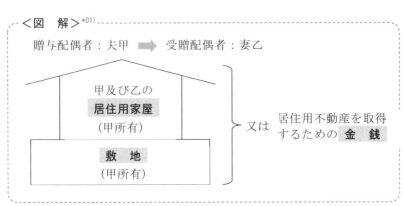

＜図 解＞*01)

*01)居住用不動産は受贈配偶者が居住するための家屋又はその敷地（借地権も含む）で、持分贈与を受けた場合や家屋のみ・敷地のみの贈与を受けた場合でも適用可能です。ただし、敷地のみの贈与の場合①夫又は妻が居住用家屋を所有している②妻と同居する親族が居住用家屋を所有していることが条件です。

2 適用要件及び控除額（法21の6①）

	内	容
適 用 要 件	適用対象者	婚姻期間が20年以上である配偶者 （同一配偶者間では１回のみ*01)）
	居住用不動産	専ら居住の用に供する土地・土地の上に存する権利又は家屋で法施行地にあるもの*02)
	金　銭	居住用不動産を取得するための金銭
	使途・期限	贈与税の申告期限*03)までに取得・居住し、かつ、その後も継続して居住の見込みがあること
控 除 額	課税価格から次の①と②のうちいずれか少ない金額を控除する ①　2,000万円 ②　居住用不動産の価額と、金銭のうち居住用不動産の取得に充てられた金額との合計額	

*01)配偶者が異なる場合には、複数回の適用が可能です。

*02)国内の居住用不動産に限定されます。

*03)贈与の日の属する年の翌年３月15日です。

1．婚姻期間の計算

⑴　婚姻期間は、婚姻の届出のあった日から財産の贈与があった日までの期間（配偶者でなかった期間[*04]を除きます。）です。

⑵　計算した婚姻期間に１年未満の端数がある場合であっても、その端数切上げは行いません。[*05]

2．居住用不動産の取得

⑴　「取得」には、家屋の増築[*06]が含まれます。

⑵　配偶者から贈与により取得した金銭とそれ以外の資金をもって、居住用不動産とそれ以外の財産を取得した場合

➡　配偶者からの金銭をまず居住用不動産の取得に充当したものとして取扱います。

3．居住用不動産等の使途と期限

⑴　居住用不動産

その贈与の日の属する年の翌年３月15日までにその者の居住の用に供し、かつ、その後引き続き居住の用に供する見込みであること。

⑵　居住用不動産取得のための金銭

その贈与の日の属する年の翌年３月15日までにその金銭をもって居住用不動産を取得し、これをその者の居住の用に供し、かつ、その後引き続き居住の用に供する見込みであること。

*04）離婚後、同一配偶者と再婚した場合の離婚期間です。

*05）例えば婚姻期間が19年10月であった場合には、適用を受けることはできません。

*06）増築とは既存の建物を建て増しすることをいいます。改築（リフォーム）の場合には、配偶者控除の適用はありません。

3　申告要件（法21の6②③）

この規定の適用を受ける場合には、贈与税の申告書に控除額等を記載し、かつ、婚姻期間が20年以上である旨を証する書類等の提出が必要です。[*01]

なお、申告書の提出がなかった場合等でも、税務署長がやむを得ない事情があると認めた場合には適用を受けることができます。

*01）贈与税の配偶者控除の適用を受けることによって納付すべき贈与税額がない場合でも、贈与税の申告書を提出する必要があります。

【算式パターン】

（その年分の贈与税の課税価格－※20,000千円－1,100千円）×税率＝贈与税額

基礎控除の前で控除します

※　贈与税の配偶者控除

①　20,000千円

②　居住用不動産の価額又は居住用不動産取得のための金銭の価額の合計額

③　①と②のいずれか少ない金額

次の問ごとに贈与税の配偶者控除の適用の有無を答えなさい。

問1　妻は夫(婚姻期間は20年以上)から住宅購入資金の贈与を受けて、その12月にマンションを購入し、翌年4月から居住の用に供し、その後も引き続き居住の用に供している。

問2　夫(婚姻期間は20年以上)は居住している家屋とその敷地のうち2分の1を妻へ贈与した。

問3　夫は居住用住宅を妻に贈与することとしたが、その妻とは一度離婚しており、その後再婚して現在に至っている。なお、婚姻期間は通算で25年になるが、再婚後はまだ5年しか経過していない。

解答

問1　贈与があった日の翌年3月15日までに居住の用に供していないため、適用なしとなります。

問2　居住用不動産の一括贈与が適用要件ではないため、適用ありとなります。

問3　再婚後の婚姻期間の通算が20年以上となるため、適用ありとなります。

次の資料により妻乙の×1年分の納付すべき贈与税額を計算しなさい。

(1)　×1年1月20日　夫甲より居住用宅地　15,000千円

(2)　×1年2月10日　兄丙より現金　　　　 7,000千円

(3)　×1年3月31日　夫甲より現金　　　　 8,000千円

　妻乙は、上記の兄丙と夫甲から取得した現金15,000千円をもって、居住用家屋10,000千円と家庭用動産5,000千円を取得している。なお、夫甲と妻乙との婚姻期間は20年以上である。

解答

(単位：千円)

(15,000＋7,000＋8,000－※20,000－1,100)×40％－1,250＝2,310

※① 　20,000

　② 　15,000＋8,000＝23,000

　③ 　①≦②　∴　20,000

解説

　夫甲からの現金8,000千円を優先して居住用家屋の取得に充てたものとして取り扱います。

Chapter

7

生前贈与加算

1 概　要

　贈与税は相続税の補完税という役割を果たしていますが、相続開始が近い被相続人からの贈与は、超過累進税率を利用した遺産の分離による相続税の負担軽減[*01]にもつながりかねません。そこで、生前の贈与をできるだけ相続財産に取り込み、累積課税を行うことにより相続税の負担軽減を回避することが可能となります。

　具体的には、被相続人からの相続開始前７年以内の贈与財産に限り、相続税の課税価格に加算することとしています。

<にみなし課税価格[*02]までの計算の流れ>

相続・遺贈財産 － 非課税財産 － 債務控除 ＝ 本来の課税価格 ＋ 生前贈与加算 ＝ みなし課税価格

←――――――― 純資産価額 ―――――――→

[*01] 例えば、課税遺産額12,000千円の場合には12,000千円×15％−500千円＝1,300千円ですが、2,000千円の生前贈与があった場合、10,000千円×10％＝1,000千円の相続税と2,000千円×10％＝200千円の贈与税との合計額1,200千円で済むため、100千円の負担軽減が可能となります。

[*02] 相続税の課税価格は、本来相続・遺贈財産（みなし相続財産を含む）から非課税財産や債務控除額を差し引いた後の金額となりますが、生前贈与加算がある場合には、その加算額を加えた金額を最終的な相続税の課税価格とみなし「みなし課税価格」ともいいます。また、本来の課税価格までの金額のことを「純資産価額」といいます。

【課税価格までの答案用紙】

相続税の課税価格の計算		相続人等 配偶者乙	子　　　A	子　　　B	孫　　　C	孫　　　D
区　　分						（単位：円）
遺贈による取得財産						
相続による取得財産						
みなし財産	生命保険金等					
	退職手当金等					
債務控除	債　　　務					
	葬式費用					
生 前 贈 与 加 算		××××	××××	××××	××××	××××
課　税　価　格 （みなし課税価格）						

純資産価額

2 対象者及び対象財産 (法19)

1. 対象者

相続又は遺贈により財産を取得した者*01)

→ 相続税の課税価格計算の対象者でなければ、その課税価格に贈与
財産を加算することはできませんので、相続又は遺贈（みなし相続
財産を含みます。）により財産を取得した者のみが対象となります。

*01) 相続税の課税価格表に記載
される者が対象ということ
です。したがって、相続人
以外の受遺者も対象者とな
ります。

相続税の課税価格の計算						（単位：円）
区　分＼相続人等	配偶者乙	子　　A	子　　B	孫　　C	孫　　D
遺贈による取得財産	××××	××××		××××	
相続による取得財産	××××	××××	××××		
みなし財産 生命保険金等	××××	××××			××××
みなし財産 退職手当金等	××××				
債務控除 債　務	△××××	△××××	△××××		
債務控除 葬式費用	△××××				
生前贈与加算	××××	××××	××××	××××	××××
課税価格（1,000円未満切捨）	××××	××××	××××	××××	××××

2. 対象財産

相続開始前7年以内のその相続に係る被相続人からの贈与財産*02)

→ 相続開始日から遡って7年目の応当日からその相続の開始の日
までの期間にその相続に係る被相続人から受けた贈与財産です。

*02) 相続開始前7年を超え
てその相続に係る被相
続人から受けた贈与財
産については贈与税の
課税で完結します。

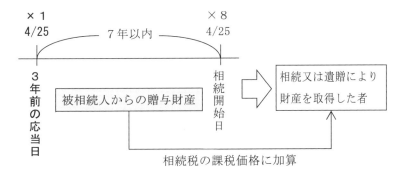

なお、令和6年1月1日以後に贈与により取得する財産について適用され
ますので、贈与の時期及び相続の開始日により加算対象財産が異なることと
なります。

贈与の時期		加算対象期間
～令和5年12月31日		相続開始前3年間
令和6年1月1日～	贈与者の相続開始日	
	令和6年1月1日 ～令和8年12月31日	相続開始前3年間
	令和9年1月1日 ～令和12年12月31日	令和6年1月1日～相続開始日の前日
	令和13年1月1日～	相続開始前7年間

<＜生前贈与のメリット＞>

　将来値上がりする財産を贈与した場合は、贈与時の価額のまま相続税の課税価格に加算されるため、値上がりした差額については、相続税が課税されないこととなります。つまり、生前贈与を上手く利用することで、相続税を節税することができます。[03]

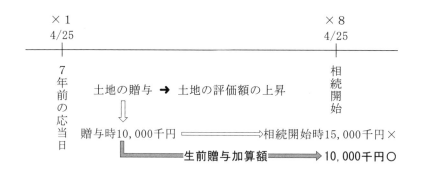

×1
4/25

×8
4/25

7年前の応当日

土地の贈与 → 土地の評価額の上昇

相続開始

贈与時10,000千円 ⟹ 相続開始時15,000千円×
　　　　　生前贈与加算額 ⟹ 10,000千円○

[03] 逆に贈与財産の価額が値下がりした場合でも贈与時の価額で生前贈与加算されるため、税負担が重くなってしまうというデメリットもあります。

3．加算額

(1) 相続開始前3年以内に取得した財産
　　その財産の贈与時の価額

(2) 相続開始前3年以内に取得した財産以外の財産
　　その財産の贈与時の価額の合計額－100万円

―＜例　題＞―

次の問により生前贈与加算額を求めなさい。

問1

被相続人甲は令和6年4月20日に死亡した。

なお、子Aは被相続人甲から下記の財産の贈与を受けている。

贈与年月日	贈与財産	贈与時の価額	相続開始時の価額
令和3年1月15日	現　金	100万円	100万円
令和3年5月20日	動　産	50万円	40万円
令和5年8月27日	株　式	200万円	210万円

問2

被相続人乙は令和11年5月15日に死亡した。

なお、子Bは被相続人甲から下記の財産の贈与を受けている。

贈与年月日	贈与財産	贈与時の価額	相続開始時の価額
令和5年7月23日	動　産	300万円	250万円
令和6年8月13日	現　金	550万円	550万円
令和7年2月14日	現　金	300万円	300万円
令和10年6月10日	株　式	800万円	750万円

（解　答）

問1　　50万円＋200万円＝250万円

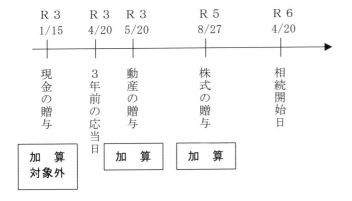

問2 （550万円＋300万円－100万円）＋800万円＝1,550万円

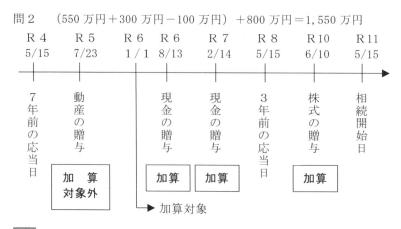

3 相続開始年分の贈与財産（法21の2④）

相続開始の年において被相続人から贈与により取得した財産で生前贈与加算の規定により相続税の課税価格に加算されるもの[*01]は、贈与税の課税価格に算入しません。

*01) 生前贈与加算されないものは相続開始年分の贈与財産であっても贈与税が課税されます。

─理　由─
相続開始年分の贈与で生前贈与加算の規定により相続税が課税される贈与財産については、相続税と贈与税の二重課税を排除するために相続税の補完税である贈与税を非課税としています。

＜図　解＞

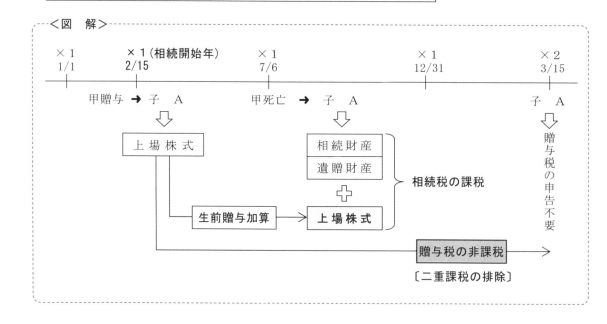

Section 2 贈与税額控除（暦年課税分）

生前贈与加算による贈与税と相続税の二重課税を排除するための控除です。
このSectionでは、贈与税額控除（暦年課税分）について学習します。

1 概　要

　被相続人から相続又は遺贈により財産を取得した者が相続開始前
7年以内にその被相続人から贈与により財産を取得している場合に
は、生前贈与加算の規定によりその贈与財産には相続税が課され、
同一財産に対する相続税と贈与税の二重課税が生じます。

　そこで、この二重課税を排除するために相続税額の計算上、贈与
税額控除の規定が設けられています。

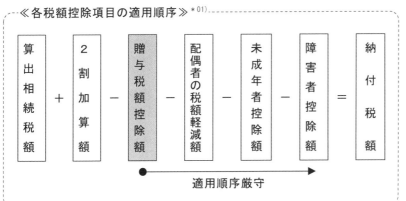

≪各税額控除項目の適用順序≫ *01)

算出相続税額 ＋ 2割加算額 − 贈与税額控除額 − 配偶者の税額軽減額 − 未成年者控除額 − 障害者控除額 ＝ 納付税額

適用順序厳守

*01) 各税額控除は左記の順序により行い、各控除額は円未満端数を切捨て、その直前における差引税額を控除の限度額とします。つまり、税額控除額の方が多かった場合には、納付税額は零となり、控除しきれなかった金額についての還付はありません。

2 適用要件及び控除額 （法19）

	内　　　　容
適用要件	(1)　生前贈与加算された贈与財産があること (2)　課せられた贈与税*01)があること
控　除　額	その年分の贈与税額(注) × $\dfrac{\text{生前贈与加算された贈与財産の価額}}{\text{その年分の贈与税の課税価格}}$

（注）　附帯税は除きます。

*01)「課せられた贈与税」には、課されるべき贈与額も含まれます。例えば、贈与税の申告を失念していた場合、実際には贈与税の申告納付を行っていないため二重課税は生じていないのですが、贈与税額控除の適用を受けることはできます。ただし、速やかに贈与税の申告納付を行わなければなりません。

　×４年４月10日に死亡した被相続人甲の相続における子Ａ（38歳）の生前贈与加算額及び贈与税額控除額を求めなさい。なお、子Ａは甲の死亡により相続財産を取得しており、生前贈与加算は相続開前３年以内の贈与財産を加算するものとする。

贈 与 年 月 日	贈 　与　 者	贈 与 財 産	贈 与 時 の 価 額	各年分の贈与税額
×１年２月10日	被相続人甲	株　　　式	2,000,000円	×１年分 190,000円
×１年10月25日	被相続人甲	現　　　金	1,000,000円	
×２年７月７日	被相続人甲	株　　　式	3,000,000円	×２年分 580,000円
×２年12月24日	母　　　乙	現　　　金	2,500,000円	
×４年１月５日	被相続人甲	株　　　式	5,000,000円	×４年分 90,000円
×４年３月３日	母　　　乙	現　　　金	2,000,000円	

解　答

（単位：円）

(1)　生前贈与加算額

　　①　×１年分　　　　1,000,000

　　②　×２年分　　　　3,000,000

　　③　×４年分　　　　5,000,000

　　④　①＋②＋③＝9,000,000

(2)　贈与税額控除額

　　①　×１年分　　　　$190,000 \times \dfrac{1,000,000}{2,000,000+1,000,000} = 63,333$（円未満切捨）

　　②　×２年分　　　　$580,000 \times \dfrac{3,000,000}{3,000,000+2,500,000} = 316,363$（円未満切捨）

　　③　×４年分　　　　相続開始年分の被相続人からの贈与は非課税

　　④　①＋②＋③＝379,696

解　説

　　次の①と②が贈与税額控除のあん分計算が必要となる２つのパターンです。

　　①　×１年分

190,000円 ／ ３年超（２月10日） ／ ３年以内（10月25日） → 生前贈与加算による二重課税部分

　　②　×２年分

580,000円 ／ 他の者からの贈与 ／ 被相続人からの贈与 → 生前贈与加算による二重課税部分

　　③　×４年分

　　　相続開始年分の被相続人甲からの贈与は非課税とされるため、贈与税額控除の適用はありません。なお、贈与税額90,000円は母乙からの贈与に係るものです。

◆武富士事件（東京地裁平成19年5月23日判決）〜その1〜◆

　この事件は、海外に居住している子への国外財産の贈与に対し、贈与税が課税できるか否かが争われた事件です。

　経営破綻した消費者金融業の「武富士」元会長夫妻が保有していた海外子会社の株式を当時香港に居住していた長男に贈与したことがこの事件の発端でした。
　贈与当時（平成11年）の相続税法における納税義務者及び課税財産の範囲では受贈者が国外に住所を有している場合には「制限納税義務者」に該当し、国外財産が課税対象外となっていました。この租税回避スキームを利用した贈与だったわけです。
　よって、贈与時における長男の住所が国内かそれとも国外かの事実関係の判断がこの事件の最大の争点となりました。

　課税庁側は、長男が国外に居住していた期間中にも日本に帰国・滞在していたこと、長男の海外業務には実態がなかったこと、さらに長男の資産はすべて日本国内にあったことなどの事実関係から贈与を受けた長男の生活の本拠は日本国内であると認定、申告漏れの贈与税額約1,160億円及び無申告加算税額約170億円の決定処分を行いました。
　これに対し、納税者側の長男は、これらの税額に延滞税を加えた約1,600億円を納付した上で、課税庁の決定処分の取り消しを求めて東京地裁に提訴しました。

　東京地裁は、「住所とは生活の本拠であり、それは客観的事実に基づき総合的に判定するのが相当であるとした上で、主観的な居住意思は補充的な考慮要素にとどまるものと解される。」としました。つまり、今回の贈与が租税回避目的であったことを考慮してもなお、長男が日本国内に住所を有していたと認定することは困難と判示、課税庁側の主張を全て斥け納税者側が勝訴したのです。
　しかし、課税庁側はこの判決内容を不服として控訴することとしました。

☞　第二審（東京高裁）の判決については次ページ

Chapter 1
Chapter 2
Chapter 3
Chapter 4
Chapter 5
Chapter 6
Chapter 7
Chapter 8
Chapter 9
参考資料

◆武富士事件（東京高裁平成20年1月23日判決）〜その2〜◆

　この事件は、海外に居住している子への国外財産の贈与に対し、贈与税が課税できるか否かが争われた事件であり、経営破綻した消費者金融業の「武富士」元会長夫妻が保有していた海外子会社の株式を当時香港に居住していた長男に贈与したことがこの事件の発端となりました。

　第一審（東京地裁）では、納税者側が贈与時において住所は国外にあったと主張、約1,330億円にも及ぶ課税処分の取消しを求めて提訴したところ、東京地裁はその主張を認容して課税処分を取り消したため、国側が控訴したという事案でした。

　なお、平成12年度の税制改正により、このような海外を利用した租税回避スキームも封じられましたが、法律で規制される前の贈与に対する課税処分が妥当か否かという点も、第二審（東京高裁）では新たな問題として抱えていました。

　第二審（東京高裁）では、「住所即ちその者の生活の本拠は、居住意思を総合して判断するのが相当である。」としました。

　つまり、第一審（東京地裁）における「居住意思は住所判定において補充的な考慮要素である。」ということを否定、居住意思（租税回避目的の海外居住）も住所判定における主要な要素と捉えたわけです。

　また、長男は贈与税の課税を回避する目的で海外に出国するものであることを認識し、滞在日数も調整していたことなどの事実認定の上、国外滞在期間中も生活の本拠は国内にあったとして、東京高裁では課税処分を妥当とする逆転判決を下しています。

　しかし、納税者側はこれを不服として上告、最高裁での最終決着を待つこととなりました。

　第一審の判決から一転、第二審での国側の逆転勝訴は、巷の関心を呼び、税務実務の現場でも盛んに議論がなされるきっかけとなりました。

　最高裁での最終決着に向け、これまでの話のポイントをまとめてみますと、
①　租税回避目的の海外居住は、課税上「国内住所」とされてしまうのか。
②　改正前の事案について、改正後の法律を遡及適用して課税することは容認されるのか。
　以上の2点です。
果たして、この最終決着がどのような結末を迎えるのか、気になるところです。

☞　最高裁の判決についてはP172へ

Chapter

8

相続時精算課税

Section 1 相続時精算課税制度

この制度は、相続税と贈与税の一体課税を目的とした「生前相続」制度です。
このSectionでは、相続時精算課税制度について学習します。

2級 出題
3級

1 概 要

高齢化社会を迎えた我が国において高齢者の保有する資産活用が滞ることによる経済の減退が懸念される中、早めの次世代への資産の移転を容易にするために相続時精算課税制度は創設[01]されました。従来は、税負担の重い生前贈与を避け、相続の機会を待って資産の移転が行われてきました。

そこで、生前贈与を相続の前倒し（生前相続）と考え、その贈与税はあくまで相続税の概算払いとし、実際に相続が開始した時においてはその相続税の概算払いである贈与税を、相続税から控除するという方式をとることにより、相続税と贈与税の一体課税を実現しました。

これにより、生前贈与であっても実質的な税負担は相続税と同じであることから、早期の資産移転が期待できるようになります。

[01] 暦年課税の贈与税は、相続税よりも税負担が重いものとなっています。例えば、親から30,000千円の贈与を受けた場合、10,355千円もの贈与税を負担するため、贈与をためらいます。相続時精算課税であれば1,000千円の贈与税だけで済むため、子・孫への贈与を積極的に行う機会が増えることが期待されます。

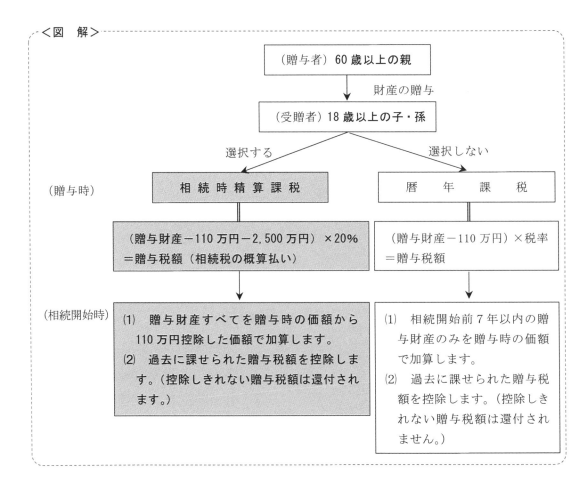

＜図 解＞

（贈与者）60 歳以上の親
↓ 財産の贈与
（受贈者）18 歳以上の子・孫

選択する ／ 選択しない

（贈与時）

| 相 続 時 精 算 課 税 | 暦 年 課 税 |

（贈与財産－110 万円－2,500 万円）×20％ ＝贈与税額（相続税の概算払い）

（贈与財産－110 万円）×税率 ＝贈与税額

（相続開始時）

(1) 贈与財産すべてを贈与時の価額から110 万円控除した価額で加算します。
(2) 過去に課せられた贈与税額を控除します。（控除しきれない贈与税額は還付されます。）

(1) 相続開始前 7 年以内の贈与財産のみを贈与時の価額で加算します。
(2) 過去に課せられた贈与税額を控除します。（控除しきれない贈与税額は還付されません。）

2　適用要件等（法21の9、措法70の2の6）

1．適用対象者

	年　　　齢		贈与者との関係
贈 与 者 〔特定贈与者〕	贈与年1月1日 における年齢	60歳以上	
受 贈 者 〔相続時精算 課税適用者〕		18歳以上*01)	・贈与者の**推定相続人 である直系卑属** ・贈与者の**孫**

＜年齢計算の注意点＞

　　1月1日時点の満年齢を基とする贈与者又は受贈者の年齢に関しては、1月2日生まれの者が含まれることになります。*02)

＜令和6年中に相続時精算課税の適用を受ける場合＞

　⑴　贈与者　➡　昭和39年1月2日以前に生まれた人です。

　⑵　受贈者　➡　平成18年1月2日以前に生まれた人です。

*01) 民法改正に伴い、令和4年（2022年）4月1日から18歳以上の者に変更されています。

*02) 法律では、誕生日の前日に加齢すると規定されているため、1月2日生まれの人は1月1日に60歳や18歳の年齢に達します。

2．適用財産

　　財産の種類、金額及び贈与回数に制限はありません。*03)

*03) 次世代への財産早期移転を目的としているため、財産の種類などについて制限は設けていません。

3．選択手続

　⑴　相続時精算課税の適用を受けようとする者は、贈与を受けた年の翌年3月15日まで*04)に納税地の所轄税務署長に相続時精算課税を選択する旨の届出書（相続時精算課税選択届出書）を提出しなければなりません。*05)

　⑵　相続時精算課税適用者は、届出書に係る年分以後は特定贈与者からの贈与については特定贈与者の死亡の年まで相続時精算課税が継続適用されます。　➡　選択届出後の撤回はできません。*06)

　⑶　贈与者である直系尊属ごとに選択可能です。*07)

*04) 贈与税の申告書の提出期限までです。

*05) 相続時精算課税は暦年課税との選択適用ですので、相続時精算課税の適用を受ける場合には届出が必要となります。この届出書を提出した者のことを「相続時精算課税適用者」といい、贈与をした者を「特定贈与者」といいます。

*06) いったん相続時精算課税の選択をすると、特定贈与者からの贈与については暦年課税に戻すことはできません。

*07) 受贈者である子Aは、父からの贈与について相続時精算課税を選択し、母からの贈与については暦年課税を選択することができます。

＜図　解＞

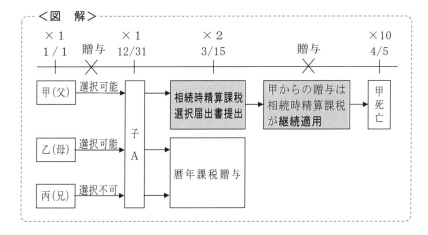

2 贈与税額の計算（相続時精算課税）

相続時精算課税の贈与税額は、実質的には相続税額の概算払いの計算です。
このSectionでは、相続時精算課税の贈与税額の計算について学習します。

2級
出題
3級

1 贈与税額の計算方法

1. 特定贈与者からの贈与財産の計算

特定贈与者からの生前贈与は相続の前倒し（生前相続）と考えて、
相続税の概算払いとしての贈与税額を計算します。

この場合、贈与税の課税価格の計算は暦年課税による贈与税額の
計算と同様です。さらに、適用税率については超過累進税率ではな
く、一律20%となります。

また、20%の税率を乗じる前に特別控除額2,500万円[*01)]を控除する
ことができます。

*01) 特別控除額2,500万円とは、4人家族をモデルケースとした場合の相続税の旧基礎控除額（5,000万円＋1,000万円×3人＝8,000万円）を一人当たりに換算した金額が約2,666万円となることから設定された金額です。つまり、特別控除は相続税の基礎控除の前倒しです。

<＜贈与税額の計算の流れ＞

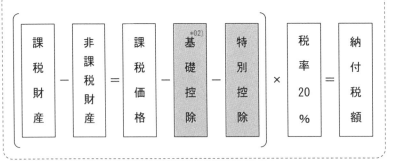

課税財産 － 非課税財産 ＝ 課税価格 － 基礎控除[*02)] － 特別控除 × 税率20% ＝ 納付税額

*02) 令和6年1月1日以後に贈与により取得した財産から110万円の基礎控除額が適用されます。

課税価格	特定贈与者からの贈与財産のみを合計（非課税控除後）
基礎控除額	110万円
特別控除額	2,500万円（限度額に達するまで複数年にわたり使用可）
税率	特別控除額を超える価額に一律20%

（注）　相続開始年分の被相続人からの贈与は申告不要です。[*03)]

*03) 暦年課税の場合には相続開始年分の被相続人からの贈与を非課税としていますが、相続時精算課税は「特定贈与者から取得した財産は贈与税の課税価格とする。」（法21の10）と規定しているため、「申告不要」としています。結論は相続開始年分の相続時精算課税に係る贈与税は課税されませんが、相続税の課税対象となります。

2. 特定贈与者以外から受けた財産の計算（暦年課税）

課税価格	特定贈与者以外の者からの贈与財産の合計（非課税控除後）
基礎控除額	110万円
税率	10%～55%の超過累進税率

3. 1＋2＝納付税額

【算式パターン】

⑴ 相続時精算課税分

特定贈与者ごとに、かつ、受贈者ごとに合計して計算します。

$$\left(\begin{array}{l}1暦年中に特定贈与者から取得 \\ した贈与財産の価額の合計額\end{array} - \begin{array}{c}基礎控除額 \\ 110万円\end{array} - \begin{array}{c}特別控除額 \\ 2,500万円^{(注)}\end{array}\right) \times \begin{array}{c}税率 \\ (20\%)\end{array} = \begin{array}{c}その年分の \\ 贈与税額\end{array}$$

(注) 既控除額がある場合には、残額(2,500万円−既控除額)となります。

⑵ 暦年課税分

$$\left(\begin{array}{l}他の者からのその年中における \\ 贈与財産の価額の合計額\end{array} - 110万円\right) \times 超過累進税率 = その年分の贈与税額$$

⑶ ⑴+⑵=その年分の納付すべき贈与税額

設 問　　　　　　　　　　　　　　　　　　　　　　　贈与税額の計算（相続時精算課税）

次の資料により子A(35歳)の各年分の納付すべき贈与税額を求めなさい。

1　子Aが令和5年中に贈与により取得した財産

⑴　父甲からの贈与　　　宅　地　　　15,000千円

　　子Aは父甲からの贈与につき相続時精算課税選択届出書を提出している。

⑵　母乙からの贈与　　　株　式　　　10,000千円

⑶　祖父丙からの贈与　　動　産　　　5,000千円

2　子Aが令和6年中に贈与により取得した財産

⑴　父甲からの贈与　　　株　式　　　20,000千円

⑵　母乙からの贈与　　　現　金　　　3,000千円

解 答

(単位：千円)

1　令和5年分の納付すべき贈与税額

⑴　甲からの贈与

$15,000 - {}^{※}15,000 = 0$

※　$15,000 \leqq 25,000$　∴　$15,000$

⑵　甲以外の者からの贈与

$(10,000 + 5,000 - 1,100) \times 40\% - 1,900 = 3,660$

⑶　⑴+⑵=3,660

2　令和6年分の納付すべき贈与税額

⑴　甲からの贈与

$(20,000 - 1,100 - {}^{※}10,000) \times 20\% = 1,780$

※　$20,000 - 1,100 = 18,900 > 25,000 - 15,000 = 10,000$　∴　$10,000$

⑵　甲以外の者からの贈与

$(3,000 - 1,100) \times 10\% = 190$

⑶　⑴+⑵=1,970

4．特定贈与者が２人以上いる場合

　　同一年中に、２人以上の特定贈与者からの贈与により財産を取得し
た場合の基礎控除額110万円は、特定贈与者ごとの贈与税の課税価格
であん分します。

| 設　問 | 贈与税額の計算（相続時精算課税） |

次の資料により子Ｂ（25歳）の×１年分の納付すべき贈与税額を求めなさい。

1　子Ｂが×１年中に贈与により取得した財産

(1)　父甲からの贈与　　　宅　地　　　30,000千円

　　　子Ｂは父甲からの贈与につき相続時精算課税選択届出書を提出している。

(2)　母乙からの贈与　　　株　式　　　10,000千円

　　　子Ｂは母乙からの贈与につき相続時精算課税選択届出書を提出している。

| 解　答 |　　　　　　　　　　　　　　　　　　　　　　　　　　　（単位：千円）

(1)　甲からの贈与

　　　$(30,000-(※1)\ 825-(※2)\ 25,000) \times 20\% = 835$

　　　　　（※1）　$1,100 \times \dfrac{30,000}{30,000+10,000} = 825$

　　　　　（※2）　$30,000-825=29,175 > 25,000$　　∴　25,000

(2)　乙からの贈与

　　　$10,000-(※3)\ 275-(※4)\ 9,725 = 0$

　　　　　（※3）　$1,100 \times \dfrac{10,000}{30,000+10,000} = 275$

　　　　　（※4）　$10,000-275=9,725 \leqq 25,000$　　∴　9,725

(3)　(1)+(2)=835

Section 3 相続税額の計算（相続時精算課税）

「生前相続」された贈与財産は贈与者の死亡時に相続税が必ず課税されます。
このSectionでは、相続時精算課税の相続税額の計算について学習します。

2級 出題
3級

1 相続税額の計算

1. 概　要

(1) 特定贈与者に相続が発生した場合には、相続税の課税価格に
相続時精算課税を適用した贈与財産（相続時精算課税適用財産）
の贈与時の価額を加算して相続税額を計算します。

(2) 相続時精算課税を適用した贈与財産に係る贈与税額[*01]については、
相続税額（税額控除後の差引税額）から控除します。この場合に、
相続税額から控除しきれない金額がある場合には還付されます。

*01) 相続時精算課税による贈与
税は相続税の概算払いとし
ているため、払い過ぎていた
税額は相続税の申告により
還付されます。

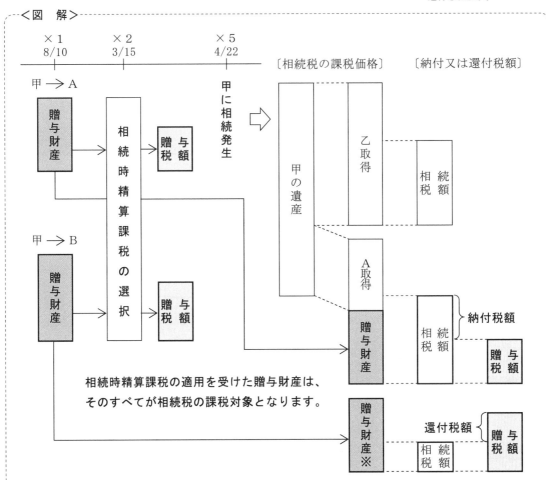

＜図　解＞

※　相続時精算課税の適用を受けた贈与財産がある場合には、<u>被相続人から相続又は遺贈により
財産を取得しなかった者</u>であっても相続税の課税を受けて相続税の納税義務者となります。
この場合の納税義務者のことを「**特定納税義務者**」と呼びます。

2．相続税額の計算方法（法21の14、15）

相　続　税　の 課　税　価　格	(1) 相続時精算課税適用財産を贈与時の特別控除前の 　価額で加算*02)
	(2) 債務控除前に加算
贈 与 税 額 控 除 （相続時精算課税分）	(1) 課せられた贈与税額（相続税の概算払い）を控除
	(2) 差引税額（全ての税額控除後の税額）から控除

*02) 相続時精算課税適用財産は
相続時に再課税されるもの
ですので特別控除前の金額
で加算します。また、生前
相続による財産という性質
から相続・遺贈財産と同様
に債務控除も可能です。

3．課税価格の計算（表示例）

各人の課税価格　　　　　　　　　　　　　　　　　　　　特定納税義務者　　　（単位：千円）

区　　　分 ＼ 相続人等	配偶者乙	子　A	子　B	計
相続又は遺贈による 取　　得　　財　　産	××× ×	××× ×		
み な し 取 得 財 産				
相続時精算課税適用財産	特別控除前の金額	贈与時の価額	贈与時の価額	
債　　務　　控　　除	△　×××	△　×××		
生　前　贈　与　加　算		××× ×	××× ×	
課　　税　　価　　格	××× ×	××× ×	××× ×	××× ×

4．納付税額の計算（表示例）

各人の納付税額の計算　　　　　　　　　　　　　　　　　　　　　　　　（単位：円）

		配偶者乙	子　A	子　B	計
算　　　出　　　税　　　額		×××	×××	×××	×××
相 続 税 額 の 加 算 額					
税額控除項目	贈 与 税 額 控 除 額 （ 暦 年 課 税 分 ）		△　×××	△　×××	
	配偶者の税額軽減額	△　×××			
	未 成 年 者 控 除 額				
	障 害 者 控 除 額		△　×××		
差　　引　　税　　額		×××	×××	×××	
贈 与 税 額 控 除 額 （ 相 続 時 精 算 課 税 分 ）			△　×××	△　×××	
納付税額（百円未満切捨）		×××	×××		
還付税額（円未満切捨）				△　×××	

控除しきれない税額は還付

次の資料により子A及び子Bの生前贈与加算額、相続時精算課税適用財産の額を計算するとともに
歴年課税分の贈与税額控除額、相続時精算課税分の贈与税額控除額を求めなさい。

1　被相続人甲は×8年4月22日に死亡した。子Bは、相続又は遺贈により財産を取得しているが、
子Aは相続又は遺贈により財産を取得していない。

2　各相続人が被相続人甲から生前に贈与を受けていた財産は次のとおりである。

贈　与　年　月	受贈者	贈 与 財 産	贈与時の価額	相続開始時の価額	（注）
×5年7月	子　　A	株　　　式	20,000千円	18,000千円	
×6年9月	子　　A	宅　　　地	40,000千円	42,000千円	1
×7年5月	子　　B	株　　　式	35,000千円	36,000千円	2
×8年3月	子　　B	宅　　　地	30,000千円	31,000千円	

(注) 1　子Aは×6年分の贈与につき相続時精算課税の適用を受けている。

　　　 2　子Bは×7年分の贈与につき相続時精算課税の適用を受けている。

解 答　　　　　　　　　　　　　　　　　　　　　　　　　　　　　　　　　（単位：千円）

　　子　A

　　(1)　生前贈与加算額

　　　　20,000

　　(2)　相続時精算課税適用財産の額

　　　　$40,000 - 1,100 = 38,900$

　　(3)　贈与税額控除額（歴年課税分）

　　　　$(20,000 - 1,100) \times 45\% - 2,650 = 5,855$

　　(4)　贈与税額控除額（相続時精算課税分）

　　　　$(40,000 - 1,100 - {}^{※}25,000) \times 20\% = 2,780$　　※　$40,000 - 1,100 > 25,000$　∴　25,000

　　子　B

　　(1)　相続時精算課税適用財産の額

　　　　$(35,000 - 1,100) + (30,000 - 1,100) = 62,800$

　　(2)　贈与税額控除額（相続時精算課税分）

　　　　×7年分　$(35,000 - 1,100 - {}^{※}25,000) \times 20\% = 1,780$

　　　　　　　　※　$35,000 - 1,100 > 25,000$　∴　25,000

　　　　×8年分　相続開始年分の贈与は申告不要

解 説

　　子Aは相続又は遺贈により財産を取得していない相続時精算課税適用者であるため、特定納税義務者
に該当します。また、子Bが相続開始年において相続時精算課税贈与により取得した贈与財産について
は贈与税の申告は不要となり、贈与税額控除額はありません。

5．暦年課税と相続時精算課税との比較

	暦 年 課 税 贈 与	相続時精算課税贈与
目　　　　　的	生前贈与の抑制	生前贈与の促進
特　　　　　徴	相続税よりも重い税負担	相続税と同等の税負担
贈　　与　　者	・一般贈与財産 → 要件なし ・特例贈与財産 → 直系尊属	・60歳以上の者
受　　贈　　者	・一般贈与財産 → 要件なし ・特例贈与財産 → 直系卑属 　　　　　　　　　（18歳以上）	・18歳以上の者 ・贈与者の推定相続人である直系卑属 ・贈与者の孫
贈 与 税 額 の 計 算	・基礎控除額110万円 ・超過累進税率	・基礎控除額110万円 ・特別控除額2,500万円 ・定率（20％）
相続税の課税価格	相続開始前7年以内の贈与財産	相続時精算課税選択届出書を提出した年分以後のすべての贈与財産
還　付　制　度	なし	あり

> 暦年課税贈与と相続時精算課税贈与は、同じ贈与でも
> その目的が真逆であることを理解しておきましょう。
> それにより、贈与税額の計算や相続税の課税価格等の
> 違いについても整理しやすくなるはずです。

Chapter

9

財産評価

Section 1 財産評価の総則

相続税・贈与税は財産課税のため、個々の財産の評価額が重要となります。
このSectionでは、財産評価の基本的なルールについて学習します。

2級 出題
3級

1 概　要

1. 評価の原則*01)（法22）

　下記3に掲げる特別の定めのあるものを除くほか、相続、遺贈又は贈与により取得した財産の価額は、その財産の取得の時における時価により、その財産の価額から控除すべき債務の金額は、その時の現況によります。

*01) 相続税や贈与税の課税価格を構成する各財産の金額は「時価」によると明記されています。

2. 時価の意義*02)（評通1(2)）

　時価とは、課税時期（相続、遺贈若しくは贈与により財産を取得した日若しくは取得したものとみなされた日をいいます。）において、それぞれの財産の現況に応じ、不特定多数の当事者間で自由に取引が行われる場合に通常成立すると認められる価額をいい、その価額は、財産評価基本通達の定めによって評価した価額によります。

*02) 財産評価基本通達によって個々の財産ごとに具体的な「時価」の算定方法を定めていて、その算定金額のことを「相続税評価額」といいます。

3. 評価の特例（法23〜26）

　相続税法において財産の評価方法が定められているものは以下の財産のみです。これらの財産は、時価により評価することが困難等の理由から、相続税法でその評価を規定しています。（法定評価）

(1) 地上権及び永小作権

(2) 配偶者居住権等*03)

(3) 定期金に関する権利

(4) 立木

*03) 民法の改正で配偶者居住権が創設されたことに伴って、相続税法でもその具体的な評価方法が規定されました。

4. 土地評価審議会*04)（法26の2）

　土地の評価に関する事項で国税局長がその意見を求めたものについて調査審議するために、国税局ごとに土地評価審議会が設置されています。

*04) 東京国税局では経団連常務理事や東京税理士会会長、日本不動産鑑定士協会連合会副会長、東京商工会議所常務理事、三井住友信託銀行常務執行役員など20名が審議会委員となっています。

2 所有方法による評価

1. 共有財産^{*01)}（評通2）

共有財産の持分の価額は、その財産（全体）の価額をその共有者の持分に応じてあん分した価額によって評価します。

─＜例　題＞─

被相続人甲の死亡により、次の宅地及び家屋を配偶者乙と子Ａで$\frac{1}{2}$ずつの共有財産とした。それぞれの評価額を求めなさい。

(1)　宅　地　50,000千円

(2)　家　屋　30,000千円

＜解　答＞

配偶者乙　①　宅　地　$50,000千円\times\frac{1}{2}=25,000千円$

　　　　　②　家　屋　$30,000千円\times\frac{1}{2}=15,000千円$

子　　Ａ　①　宅　地　$50,000千円\times\frac{1}{2}=25,000千円$

　　　　　②　家　屋　$30,000千円\times\frac{1}{2}=15,000千円$

2. 区分所有財産^{*02)}（評通3）

区分所有財産とは、1棟の建物の構造上区分され、独立して利用可能な部分について成立する所有権の対象となる財産をいいます。

この区分所有に係る財産の各部分の価額は、その財産全体の評価額を基とし、各部分の使用収益^{*03)}等の状況を勘案して計算した各部分に対応する価額によって評価します。

─＜例　題＞─

次の宅地及び家屋の評価額を求めなさい。被相続人甲所有は3階部分とその敷地である。

(1)　宅　地　300㎡　　120,000千円（宅地全体の相続税評価額）

(2)　家　屋　450㎡　　60,000千円（家屋全体の相続税評価額）

この家屋は、(1)の宅地の上に建てられている3階建てのビルで各階床面積は150㎡で均等である。

＜解　答＞

(1)　宅　地　$120,000千円\times\dfrac{^{※}100㎡}{300㎡}=40,000千円$

　　　　※　$300㎡\times\dfrac{150㎡}{450㎡}=100㎡$

(2)　家　屋　$60,000千円\times\dfrac{150㎡}{450㎡}=20,000千円$

*01) 共有財産とは、「共有」状態にある財産のことをいい、各々が持分の割合の範囲で所有権を持ち、一つの財産についてどこの部分を所有するというものではありません。

*02) 代表的な例として事業用ビルや分譲マンションがあります。共有財産とは異なり1フロアや1室ごとに別個の所有権が成立している建物です。

*03) 物を直接に利活用して利益・利便を得ることをいいます。

2 宅地・家屋の評価

宅地と家屋の評価は、各方式に基づいて計算を行います。
このSectionでは、評価の方式及び評価額の計算について学習します。

2級 出題
3級

1 宅地の評価

1. 概　要（評通7）

　　土地の価額は、原則として地目*01)の別に評価し、宅地の評価には
路線価方式と倍率方式があります。

　　一般的に路線価方式は市街地的形態を形成する地域にある宅地に、
倍率方式はそれ以外の地域にある宅地に適用されます。

*01) 地目には宅地、田、畑、山林、雑種地等があります。

2. 路線価方式による評価（評通13）

　　路線価方式とは、その宅地の面する路線に付された路線価*02)に
基づいて計算した金額によって評価する方式をいい、市街地的形態
を形成する地域にある宅地について適用されます。

*02) 毎年7月に国税庁から公表されるもので1月1日時点での路線に面する宅地1㎡当たりの土地評価額のことです。

【算式パターン】
　路線価×各補正率×地積

3. 倍率方式による評価（評通21）

　　倍率方式とは、固定資産税評価額*03)に国税局長が一定の地域ごと
にその地域の実情に即するように定める倍率を乗じて計算した金額
によって評価する方式をいい、路線価方式により評価する宅地以外
の宅地について適用されます。

*03) 固定資産税などを計算するための基準価格で、市町村（東京23区は東京都）が決めています。なお、固定資産税評価額は市役所等で固定資産税評価証明書を取得して確認することができます。

【算式パターン】
　固定資産税評価額(注)×倍率

（注）　評価対象宅地について土地課税台帳*04)の地積と実際の地積
　　　　が異なる場合には、固定資産税評価額を修正します。

$$固定資産税評価額 \times \frac{実際の地積}{土地課税台帳の地積}$$

*04) 固定資産の状況や固定資産税の価格等を明らかにするために市町村（東京23区は東京都）に備えられた台帳のことです。

2 家屋の評価

1. 概　要（評通88）

　家屋の価額は、原則として一棟の家屋ごとに評価し、倍率方式が適用されます。

　なお、家屋の価額を評価する場合におけるその家屋の固定資産税評価額に乗ずる倍率は「1.0」[*01]です。

2. 倍率方式による評価（評通89）

【算式パターン】

固定資産税評価額×1.0（＝自用家屋としての価額[*02]）

<例　題>

次の家屋の評価額を求めなさい。

固定資産税評価額　　35,000千円

<解　答>

35,000千円×1.0＝35,000千円

宅地の評価に必要な「路線価」「倍率」については、国税庁のホームページから確認することができます。なお、テキスト巻末の参考資料において「倍率表」と「路線価図」を参照できます。

Chapter 1
Chapter 2
Chapter 3
Chapter 4
Chapter 5
Chapter 6
Chapter 7
Chapter 8
Chapter 9
参考資料

[*01] 家屋の評価倍率は常に1.0ですので固定資産税評価額が評価額となります。

[*02] 自用家屋としての価額とは、自己が所有又は利用するとした場合の価額です。

3 路線価方式による宅地の評価

1．路線価方式の基礎

　　路線価方式とは、その宅地に面する路線に付された路線価を基礎としてその宅地の形状、路線に接している状況等による補正をした金額によって評価する方式をいいます。

2．評価額の計算方法

(1) 一路線に接する宅地の評価（評通15）

【算式パターン】[*01]

① 路線価×<u>奥行価格補正率</u>[(注)]

② ①×地積（＝自用地としての価額）

（注）　奥行距離の長短に応ずる調整率です。

[*01] 評価算式の基本フォームは1㎡当たりの評価額（円未満切捨）×地積となります。なお、自用地としての価額とは、自己が所有又は利用するとした場合の価額です。

【路線価方式の評価要素】

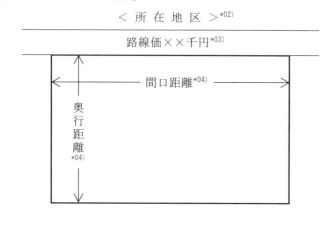

＜所在地区＞[*02]

路線価××千円[*03]

間口距離[*04]

奥行距離[*04]

[*02] 「普通住宅地区」や「普通商業・併用住宅地区」などがあり、地区によって各種補正率が異なります。

[*03] 「路線価」は標準的な画地の1㎡当たりの価額で千円単位表記となります。

[*04] 「間口距離」とは正面路線に接する部分の距離です。「奥行距離」とは路線から垂線を伸ばした場合の奥までの距離です。

＜例　題＞

次の宅地（300㎡）の評価額を求めなさい。

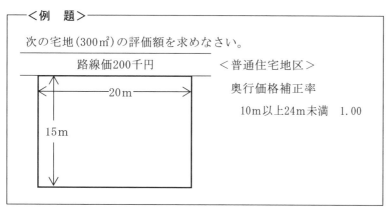

路線価200千円

20m

15m

＜普通住宅地区＞

奥行価格補正率

10m以上24m未満　1.00

＜解　答＞

(1)　200千円×1.00＝200千円

(2)　200千円×300㎡＝60,000千円

(2) 正面と側方に路線がある宅地の評価 (評通16)

【算式パターン】

① 正面路線価^{(注)1} × 奥行価格補正率
① 正面路線価[注1] × 奥行価格補正率

② 側方路線価 × 奥行価格補正率 × 側方路線影響加算率[注2]

③ (①＋②) × 地積

(注)1 正面路線とは、その宅地の接する路線価に奥行価格補正率
を乗じて計算した価額の高い方の路線です。*05)

(注)2 角地又は準角地に応ずる調整率で、角地とは正面と側面と
で2路線に接する宅地、準角地とは1路線の屈折部の内側に
位置する宅地です。

*05) 奥行価格補正率を乗じた後
の価額が同額となった場合
には、間口距離の広い方が
正面路線です。

<図 解>

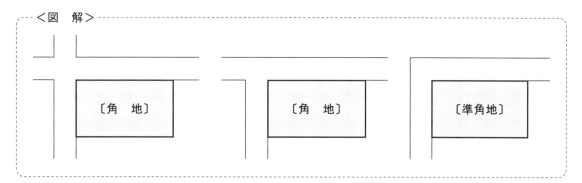

<例 題>

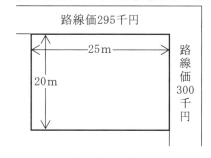

次の宅地(500㎡)の評価額を求めなさい。

路線価295千円

―25m―
20m
路線価 300 千円

<普通住宅地区>

奥行価格補正率

10m以上24m未満 1.00

24m以上28m未満 0.97

側方路線影響加算率

角 地 0.03

準角地 0.02

<解 答>

(1) ※295千円×1.00＋300千円×0.97×0.02＝300,820円

※ 300千円×0.97＝291千円＜295千円×1.00＝295千円

∴ 295千円*06)

(2) 300,820円×500㎡＝150,410,000円

*06) 正面路線の逆転です。路線
価の金額が近い場合には、
とくに注意して下さい。

(3) 正面と裏面に路線がある宅地の評価（評通17）

【算式パターン】

① 正面路線価×奥行価格補正率

② 裏面路線価×奥行価格補正率×<u>二方路線影響加算率</u>(注)

③ （①＋②）×地積

(注) 裏面路線に応ずる調整率です。

<例 題>

次の宅地（450㎡）の評価額を求めなさい。

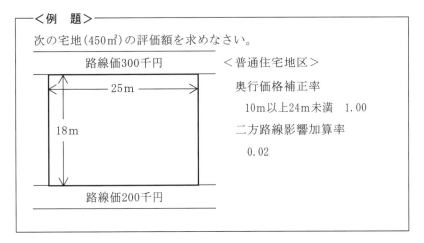

路線価300千円

25m

18m

路線価200千円

<普通住宅地区>

奥行価格補正率

　10m以上24m未満　1.00

二方路線影響加算率

　0.02

<解 答>

(1) ※300千円×1.00＋200千円×1.00×0.02＝304千円

　　※ 300千円（×1.00）＞200千円（×1.00）　∴ 300千円[07]

(2) 304千円×450㎡＝136,800千円

*07) **正面路線と裏面路線の場合には奥行距離は同じです。したがって、路線価をそのまま大小比較するだけで判定できます。**

⑷　3方又は4方に路線がある宅地の評価（評通18）

　　3方又は4方に路線がある宅地の評価は、⑵正面と側方に路線が
ある宅地の評価と⑶正面と裏面に路線がある宅地の評価を併用し
て計算します。

【算式パターン】

① 　正面路線価×奥行価格補正率

② 　側方路線価×奥行価格補正率×側方路線影響加算率

③ 　側方路線価×奥行価格補正率×側方路線影響加算率

④ 　裏面路線価×奥行価格補正率×二方路線影響加算率

⑤ 　（①＋②＋③＋④）×地積

<例　題>

次の宅地（360㎡）の評価額を求めなさい。

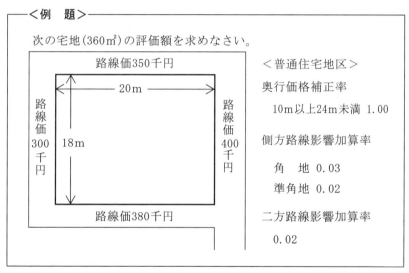

＜普通住宅地区＞

奥行価格補正率

　10m以上24m未満　1.00

側方路線影響加算率

　角　　地　0.03

　準角地　0.02

二方路線影響加算率

　0.02

<解　答>*08)

⑴　※400千円×1.00＋380千円×1.00×0.03＋350千円×1.00×0.02
　　＋300千円×1.00×0.02＝424,400円

　　※　400千円×1.00＞380千円×1.00＞350千円×1.00＞300千円×1.00

　　　∴　400千円

⑵　424,400円×360㎡＝152,784千円

*08) 路線価が複数ある場合は、
正面路線の決定を優先し、
次に側方路線と裏面路線を
捉えていきます。さらに、
角地や準角地の判定は正面
路線からみて判定します。

3 宅地・家屋の貸借に係る評価

宅地や家屋について貸借があった場合、貸主と借主とで評価が異なります。
このSectionでは、貸主と借主の評価額の計算について学習します。

2級 出題
3級

1 賃貸借契約

　賃貸借契約とは、当事者の一方がある物の使用及び収益を相手方にさせることを約し、相手方がこれに対してその賃料を支払うことを約することによって効力を生ずる契約のことをいい、特に不動産賃貸借の場合には、土地の賃借人を「借地人」、建物の賃借人を「借家人」と呼びます。

　また、土地や建物についての賃貸借契約は、一般に借地借家法[01]に基づいたものが多く、借地人は土地所有者から借地権（他人の土地を借りて自己所有の建物を建てられる権利です。）を設定してもらいます。一方、借地権を設定して、他人に自己所有の土地を貸している場合のその土地のことを貸宅地といいます。

[01] 借主側の保護を目的とした法律で契約期間の満了後もその契約が更新されます。一方、貸主側は長期に渡り土地の利用について制限を受けてしまいます。

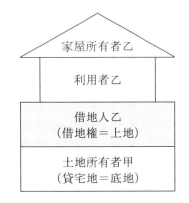

＜一般的な土地の賃貸借契約＞

① 借地権設定時[02]
借地人は適正額の権利金を支払います。

② 借地権設定後[03]
借地人は適正額の通常の地代（底地の使用料）を支払います。

③ 借地権解消時[04]
土地所有者が借地人に立退料を支払います。

[02] 権利金の支払いは上地部分を土地所有者から買い取ったと考えます。

[03] 借地人が買い取った部分は上地部分だけですので底地使用料として通常の地代を支払います。

[04] 借地人が買い取った上地部分を土地所有者が買い戻すために立退料を支払います。

2 借地権の評価（評通27）

【算式パターン】

自用地としての価額×借地権割合[注]

(注) 90%～30%の範囲で10%ごとに設定されているもので、
商業地域ほど高い割合となっています。

3 貸宅地[*01]の評価（評通25）

【算式パターン】

自用地としての価額×（1－借地権割合）

*01) 宅地全体の価額から借地権の価額を差し引いた価額が貸宅地の評価となります。つまり、借地権と貸宅地の評価額を合計すると自用地としての価額になります。

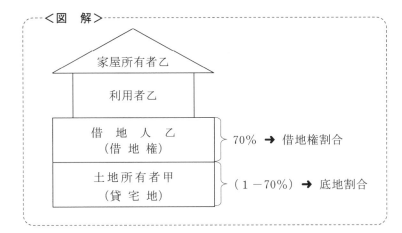

＜図　解＞

家屋所有者乙

利用者乙

借　地　人　乙
（借　地　権）　　　70%　➡　借地権割合

土　地　所　有　者　甲
（貸　宅　地）　　　（1－70%）　➡　底地割合

＜例　題＞

次の宅地の評価を行いなさい。（借地権割合60%）

自用地としての価額　　100,000千円

問1　被相続人が宅地を賃貸している場合

問2　被相続人が宅地を賃借している場合

＜解　答＞

問1　貸宅地　100,000千円×（1－0.6）＝40,000千円

問2　借地権　100,000千円×0.6＝60,000千円

4 借家権[01]の評価 （評通94）

【算式パターン】

自用家屋としての価額×借家権割合[注]

(注)　一律30%となっています。

*01)借家権とは、賃貸借契約による借家人の権利です。なお、借家権が権利金等の名称をもって取引される慣行のない地域の場合には評価しません。例えば、賃貸マンションを借りるときに家賃のみを支払う地域です。

5 貸家[01]の評価 （評通93）

【算式パターン】[02]

自用家屋としての価額×（1－借家権割合）

*01)貸家とは、賃貸借契約により他人に貸している家屋です。

*02)自用家屋としての価額から借家権相当額を差し引いた価額が貸家の評価となります。

6 貸家建付地[01]の評価 （評通26）

【算式パターン】[02]

自用地としての価額×（1－借地権割合×借家権割合）

*01)建付地とは家屋が建てられている土地のことで、貸家建付地とは貸家が建てられている土地のことです。

*02)土地の所有者側からすると、貸家の敷地は自用地よりも使用制限を受けているため、宅地全体の価額から敷地の上地部分（借地部分）に及んでいる借家権相当額を差し引いた価額により評価します。

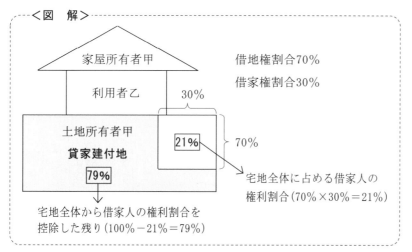

＜図　解＞

家屋所有者甲　　借地権割合70%
　　　　　　　　借家権割合30%

利用者乙　　30%

土地所有者甲
貸家建付地
79%　　21%　　70%

宅地全体から借家人の権利割合を控除した残り（100％－21％＝79％）

宅地全体に占める借家人の権利割合（70％×30％＝21％）

＜例　題＞

次の財産の評価額を求めなさい。（借地権割合60%、借家権割合30%）

⑴　宅　地　　　自用地としての価額　　　100,000千円

⑵　家　屋　　　固定資産税評価額　　　　30,000千円

　　この家屋は、⑴の宅地の上に建てられているものであり、被相続人甲が賃貸借契約により第三者に貸し付けていた。

＜解　答＞

宅　地（貸家建付地）100,000千円×（1－0.6×0.3）＝82,000千円

家　屋（貸　　　家）30,000千円×1.0×（1－0.3）＝21,000千円

1. 概　要

民法第593条では「使用貸借*01)とは当事者の一方が無償で使用及び収益をした後に返還することを約して相手方からある物を受け取ることによって、その効力を生ずる」と規定しています。

相続税法上、明文規定はありませんが民法上の定義と同一であり、使用貸借契約とは個人間における目的物の貸借に際して使用の対価の授受がなく無償である契約のことをいいます。*02)

なお、土地等の公租公課（固定資産税など）に相当する金額以下の授受があるにすぎないものは、使用貸借として取扱います。

2. 土地の使用貸借の場合

⑴ 借主（家屋所有者）の取扱い

建物の所有を目的として使用貸借による土地の借り受けがあった場合は、その土地の使用貸借に係る使用権の価額は０（ゼロ）として取扱います。*03)

⑵ 貸主（宅地所有者）の取扱い

使用貸借に係る宅地の価額は、その土地が自用のものであるとした場合の価額で評価します。

【算式パターン】

自用地としての価額

＜土地の使用貸借契約の取り扱い＞

① 借地権設定時*04)
借地人は権利金不要です。

② 借地権設定後*04)
借地人は通常の地代も不要です。

③ 借地権解消時*05)
土地所有者が借地人に支払うべき立退料も不要です。

*01) 使用貸借は、無償で土地や家屋を貸すという契約ですので、一般的に親族間での貸借が多いです。

*02) 使用貸借契約に該当する場合の表現は以下のとおりです。
①使用貸借契約により～
②地代・家賃等の支払いは行われていない
③公租公課金額以下による貸付け

*03) 権利金等を一切払っていませんので、借地権としての財産性はないことから評価はしません。

*04) 借地人から土地所有者への権利金及び地代等の支払いはなく、無償で借り受けるのが使用貸借契約です。

*05) 使用貸借契約では、借地権の財産価値は０と考えるため、立退料もなく、土地所有者に返還されます。

1 概　要（評通168）

1．株式の評価区分

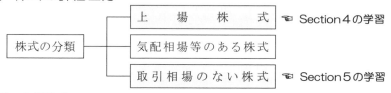

株式の分類 ─┬─ 上　場　株　式　☜ Section 4 の学習
　　　　　　├─ 気配相場等のある株式
　　　　　　└─ 取引相場のない株式　☜ Section 5 の学習

(1)　上場株式

金融商品取引所[*01]に上場されている株式をいいます。

(2)　気配相場等のある株式（参考）

① 　登録銘柄[*02]

日本証券業協会の内規によって登録銘柄として登録されている株式及び店頭管理銘柄をいいます。

② 　公開途上にある株式[*03]

金融商品取引所が内閣総理大臣に対して株式の上場の届出を行うことを明らかにした日から上場の日の前日までのその株式及び日本証券業協会が株式を登録銘柄として登録することを明らかにした日から登録の日の前日までのその株式をいいます。

(3)　取引相場のない株式[*04]

(1)及び(2)に掲げる株式以外の株式をいいます。

2．評価単位

株式の価額は、それらの銘柄の異なるごとに上記の区分に従い、その1株ごとに評価します。

【算式パターン】

1株当たりの価額×取得株式数

---

*01）平成19年証券取引法の改正により証券取引所から金融商品取引所に改称されましたが、各取引所は従来の名称を使用しています。代表例が東京証券取引所です。

*02）日本証券業協会に登録されている店頭市場での取引を認められている株式のことですが、現在はJASDAQ（ジャスダック）市場として上場株式と同じように取り扱われています。

*03）上場手続中にある株式のことです。この場合の評価額は、「公開価格」によります。

*04）取引相場のない株式とは、主に中小企業を中心とした非上場の株式のことです。

2 　上場株式の評価

1．意　義

　　上場株式とは、全国４ヶ所(東京[*01]、札幌、名古屋、福岡)の金融商品取引所に上場されている株式、すなわち金融商品取引所を通じて市場価格が形成されている株式をいいます。

*01) 平成25年１月１日より東京証券取引所と大阪証券取引所が経営統合し日本取引所グループとなりました。

2．評価方法（評通169(1)）

　　次に掲げるもののうち最も低い価額により評価します。[*02]

(1)　課税時期の最終価格

(2)　課税時期の属する月以前３か月間の毎日の最終価格の月平均額

*02) 課税時期の最終価格のみを評価時点とするのではなく、評価の安全性を考慮して課税時期以前３か月間の平均も評価額とすることができます。なお、最終価格とは株式市場が閉まる午後３時の終値のことです。

【算式パターン】

① 　課税時期の最終価格

② 　課税時期の属する月の毎日の最終価格の月平均額

③ 　課税時期の属する月の前月の毎日の最終価格の月平均額

④ 　課税時期の属する月の前々月の毎日の最終価格の月平均額

∴ 　①～④のうち最も低い価額

(注)　２以上の金融商品取引所に上場されている場合

➡ 　納税者有利の選択により最終価格が最も低い取引所を選択することができます。

＜例　題＞

次の評価資料により、上場株式10,000株の評価額を求めなさい。

(1)　課税時期（４月15日）の最終価格　　　　1,500円

(2)　４月の最終価格の月平均額　　　　　　　1,450円

(3)　３月の最終価格の月平均額　　　　　　　1,380円

(4)　２月の最終価格の月平均額　　　　　　　1,250円

＜解　答＞

　1,500円、1,450円、1,380円、1,250円　∴　1,250円

　1,250円×10,000株＝12,500,000円

【参 考】課税時期に最終価格がない場合（評通171(1)）

(1) **課税時期前後**の最終価格のうち、**課税時期に最も近い日**の最終価格を課税時期の最終価格とします。[*03]

(2) その価格が課税時期の前後双方で2つある場合は、その平均額を課税時期の最終価格(円未満切捨)とします。

<図 解>

(1) 課税時期が18日の場合

　　課税時期の最終価格　20日　→　125円

(2) 課税時期が17日の場合

　　課税時期の最終価格　14日と20日の平均額

$$\frac{122円+125円}{2}=123.5円　→　123円（円未満切捨）$$

<例 題>

次の評価資料により、上場株式20,000株の評価額を求めなさい。

(1) 課税時期(4月20日)前後の最終価格

　　4月18日　770円　　　4月19日〜20日　なし

　　4月21日　775円

(2) 4月の最終価格の月平均額　　　790円

(3) 3月の最終価格の月平均額　　　812円

(4) 2月の最終価格の月平均額　　　835円

<解 答>

775円[*04]、790円、812円、835円　∴　775円

775円×20,000株＝15,500,000円

*03) 課税時期が土日や祝祭日、年末年始あるいは株が暴落して値がつかないような場合には、課税時期前後をみて最も近い日の株価を採用します。他にも課税時期の価額を採用する評価がいくつかでてきますが、課税時期前後の金額を採用できるのは上場株式とそれに類似するものだけとなります。他の財産の評価ではすべて課税時期前しか採用することができません。

*04) 課税時期に最終価格がないため、課税時期に最も近い4月21日の最終価格を選択します。

次の上場株式の評価を行いなさい。

　株式会社Ｐ社（本店所在地は愛知県名古屋市。以下「Ｐ社」という。）の株式60,000株及び株式会社Ｑ社（本店所在地は東京都港区。以下「Ｑ社」という。）の株式16,000株

　Ｐ社及びＱ社の株式は、いずれも金融商品取引所に上場されている株式であり、その取引所の公表する株価は次のとおりである。

	Ｐ　社		Ｑ　社	
	東　証	名　証	東　証	名　証
４月20日（課税時期）の最終価格	400円	410円	1,200円	1,150円
４月の毎日の最終価格の平均額	410円	410円	1,150円	1,100円
３月の毎日の最終価格の平均額	430円	440円	1,250円	1,200円
２月の毎日の最終価格の平均額	450円	450円	1,230円	1,240円

（注）　上記表中、「東証」とは東京証券取引所を、「名証」とは名古屋証券取引所を示す。

解　答　　　　　　　　　　　　　　　　　　　　　　　　　　　　　　　　（単位：円）

　⑴　Ｐ社の株式

　　①　東証

　　　　400、410、430、450　∴　400

　　②　名証

　　　　410、410、440、450　∴　410

　　③　①＜②　∴　400

　　　400×60,000株＝24,000,000

　⑵　Ｑ社の株式

　　①　東証

　　　　1,200、1,150、1,250、1,230　∴　1,150

　　②　名証

　　　　1,150、1,100、1,200、1,240　∴　1,100

　　③　①＞②　∴　1,100

　　　1,100×16,000株＝17,600,000

解　説

　まず、証券取引所ごとに最小値の株価を選択し、その後、各証券取引所の株価を比較していずれか低い方を最終的な評価額とします。

Section 5 取引相場のない株式の評価

取引相場のない株式の評価は、株主の区分に応じて計算を行います。
このSectionでは、取引相場のない株式の評価額の計算について学習します。

1 概 要

1. 株主区分と評価方式

取引相場のない株式を取得した者(株主)は、その議決権割合[01]により次のように区分され、異なる評価方式に基づいて計算します。

区 分	評価方式	備 考
支配株主	原則的評価方式	会社経営の参加を目的として株式を所有していると考えます。
少数株主	配当還元方式 (特例的評価方式)	配当金を受けることを目的として株式を所有していると考えます。

[01] 議決権割合とは、株主総会で経営に関する重要事項を決める場合に株主としての権利を行使できる議決権の割合です。

2. 会社規模[02]

上記1の支配株主については、その会社規模の区分に応じ、異なる金額に基づいて評価を行います。

大 会 社	上場会社に匹敵する規模で、上場株式の評価との均衡を図ることが合理的な評価と考えます。
中 会 社	大会社と小会社の中間に位置する規模で、両者の評価を併用した評価を行います。
小 会 社	個人事業主と同等の規模で、個人事業者の財産評価との均衡を図ることが合理的な評価と考えます。

[02] 評価会社を会社の総資産、従業員数及び取引金額に応じて3つの規模に分類し、異なる金額に基づいて評価を行います。

3. 評価方式及び評価額

上記1及び2に基づいて、各区分に応じた評価額を計算します。

評価方式及び会社規模		評 価 額
原則的評価方式 (支配株主)	大会社	類似業種比準価額
	中会社	類似業種比準価額と純資産価額との併用
	小会社	純資産価額
配当還元方式 (少数株主)		配当還元価額

評価方式の判定

1. 同族株主のいる会社

同族株主	取得後の議決権割合^{(注)1}が5％以上の株主			原則的評価方式
	取得後の議決権割合が5％未満の株主	中心的な同族株主がいない場合		
		中心的な同族株主がいる場合	中心的な同族株主	
			役員である株主又は役員となる株主^{(注)2}	
			その他の株主	配当還元方式
同族株主以外の株主				

（注）1　議決権割合は、相続等による株式取得後の議決権の合計数で判定します。

（注）2　役員となる株主とは、課税時期の翌日から申告期限までの間に役員となる者をいいます。

2. 同族株主等の意義（参 考）

⑴　同族株主

　　課税時期におけるその株式の発行会社の株主のうち、株主の1人及びその同族関係者の有する議決権割合が30％以上（議決権割合が50％超のグループがある会社については、その50％超^{*01)}）である場合におけるその株主及びその同族関係者をいいます。

　　ここでいう同族関係者とは、以下に掲げるものをいいます。

①　株主の親族（配偶者、六親等内の血族及び三親等内の姻族をいいます。）

②　株主と事実上婚姻関係と同様の事情にある者

③　株主の使用人

④　株主から受ける金銭その他の財産により生計を維持している者

⑤　②③④の者と生計を一にするこれらの者の親族

*01) 議決権割合が50％超であれば、株主総会の普通決議（取締役、会計監査人の選任・解任、役員報酬、配当法定準備金の取り崩し等の事項です。）を単独で成立させることができるため、50％超のグループのみを同族株主とします。

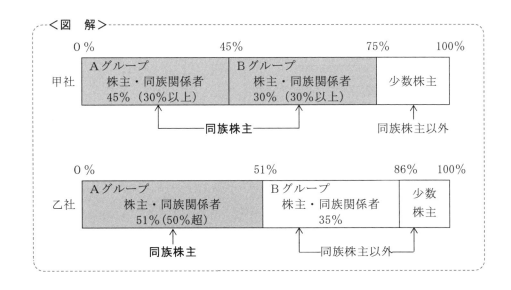

<図　解>

	0％		45％		75％	100％
甲社	Aグループ 株主・同族関係者 45％（30％以上）		Bグループ 株主・同族関係者 30％（30％以上）		少数株主	
		┗━━ 同族株主 ━━┛			同族株主以外	

	0％	51％		86％	100％
乙社	Aグループ 株主・同族関係者 51％（50％超）	Bグループ 株主・同族関係者 35％		少数 株主	
	同族株主		┗━ 同族株主以外 ━┛		

(2) 中心的な同族株主^{*02)}

次の①及び②の要件を満たす株主をいいます。

① 同族株主であること。

② 課税時期における、同族株主の1人並びにその株主の配偶者、直系血族、兄弟姉妹及び一親等の姻族^{*03)}の有する議決権の合計数がその評価会社の議決権総数の25%以上であること。

*02) 同族株主の親族の範囲を狭め、中心的な同族株主に該当する場合にはかなり会社に対して影響力を持っていると考えます。

*03) 一親等の姻族とは、配偶者の父母と子の配偶者です。

＜図　解＞

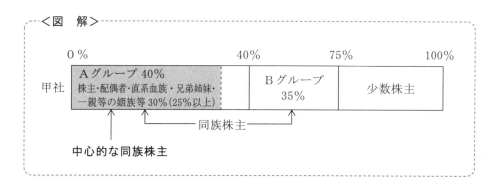

＜親族図から見る中心的な同族株主の範囲＞

黒丸数字は血族の親等、白丸数字は姻族の親等を表します。

┆┄┆ は姻族を表します。

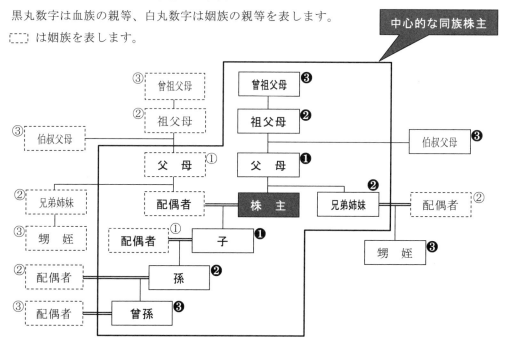

160

3．評価方式の判定手順

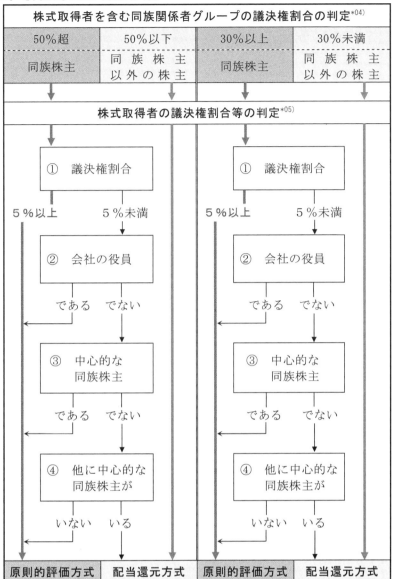

株式取得者を含む同族関係者グループの議決権割合の判定*04)			
50%超	50%以下	30%以上	30%未満
同族株主	同族株主以外の株主	同族株主	同族株主以外の株主

株式取得者の議決権割合等の判定*05)

① 議決権割合
　5％以上　　5％未満

② 会社の役員
　である　でない

③ 中心的な同族株主
　である　でない

④ 他に中心的な同族株主が
　いない　いる

| 原則的評価方式 | 配当還元方式 | 原則的評価方式 | 配当還元方式 |

*04) 議決権割合が50％超または30％以上であれば同族株主に該当し、株式取得者本人が少数株式所有者（5％未満）に該当しなければ「原則的評価方式」となります。

*05) 株式取得者が少数株式所有者に該当した場合、左図の②から④の手順に従って、原則的評価方式か配当還元方式かの判定を行います。

2級では、原則的評価方式のみの出題となります。
配当還元方式については、1級の出題範囲です。

次の資料により評価方式の判定を行いなさい。

1　課税時期現在におけるX会社の株主の構成（被相続人甲から株式を取得した後）は次のとおりである。（議決権は100株につき1個とする。）

2　被相続人甲から相続又は遺贈により取得した株式

　　A　15,000株　　　B　3,000株　　　C　1,000株

株　　　主	続　　　　　柄	所有株式数	議決権数
乙	甲の配偶者（役員）	28,000株	280個
A	甲の長男（役員）	22,000株	220個
B	甲の二男（役員）	3,000株	30個
C	Aの長男	1,000株	10個
丙	甲の友人（役員）	18,000株	180個
丙′	丙の配偶者	12,000株	120個
その他	少数株主	16,000株	160個
	（発行済株式数）	100,000株	1,000個

解答

(1)　同族株主の判定

　　乙280個＋A220個＋B30個＋C10個＝540個

　　$\dfrac{540個}{1,000個}＝54\%＞50\%$　　∴　同族株主

(2)　各株式取得者の評価方式の判定

　　A：$\dfrac{220個}{1,000個}＝22\%≧5\%$　　∴　原則的評価方式

　　B：$\dfrac{30個}{1,000個}＝3\%＜5\%$、役員　∴　原則的評価方式

　　C：$\dfrac{10個}{1,000個}＝1\%＜5\%$

　　　　Cを中心に判定　　$\underset{(本人)}{10個}＋\underset{(直系血族乙)}{280個}＋\underset{(直系血族A)}{220個}＝510個$

　　　　$\dfrac{510個}{1,000個}＝51\%≧25\%$

　　∴　中心的な同族株主に該当するため、原則的評価方式

解説

①　まず、同族関係者グループの議決権割合が50%超又は30%以上の基準を満たしているかを確認します。

②　次に、各株式取得者について個別判定をし、5%以上や役員、中心的な同族株主に該当するかを確認します。

次の資料により評価方式の判定を行いなさい。

1 課税時期現在におけるY会社の株主の構成（被相続人甲から株式を取得した後）は次のとおりである。（議決権は1,000株につき１個とする。）

2 被相続人甲から相続又は遺贈により取得した株式

乙 4,000株 A 1,000株 B 2,000株

株　　主	続　　　柄	所有株式数	議決権数
乙	甲の配偶者(役員)	9,000株	9個
A	甲 の 長 女	3,000株	3個
A′	A　の　夫	5,000株	5個
B	甲 の 長 男(役員)	4,000株	4個
丙	A′ の 父(役員)	3,000株	3個
丁	甲　の　弟	11,000株	11個
その他	少 数 株 主	65,000株	65個
	（発行済株式数）	100,000株	100個

解答

(1) 同族株主の判定

乙９個＋A３個＋A′ ５個＋B４個＋丙３個＋丁11個＝35個

$\dfrac{35個}{100個}=35\%≧30\%$ ∴ 同族株主

(2) 各株式取得者の評価方式の判定

乙：$\dfrac{9個}{100個}=9\%≧5\%$ ∴ 原則的評価方式

A：$\dfrac{3個}{100個}=3\%<5\%$

Aを中心に判定

（本人）（配偶者A′）（直系血族乙）（兄弟姉妹B）（一親等姻族丙）
３個＋ ５個 ＋ ９個 ＋ ４個 ＋ ３個 ＝24個

$\dfrac{24個}{100個}=24\%<25\%$

∴ 他に中心的な同族株主がいないため、原則的評価方式

B：$\dfrac{4個}{100個}=4\%<5\%$、役員 ∴ 原則的評価方式

解説

　中心的な同族株主に該当するか否かの判定は、議決権割合５％未満であるA本人を中心に行いますので、Aの配偶者や直系血族、兄弟姉妹のほか、本問では一親等の姻族である丙の議決権も加えて判定します。その結果、中心的な同族株主に該当しなかった場合でも、他に中心的な同族株主がいなければ、相対的に支配株主と判断されて原則的評価方式となります。

3 評価方法

1．原則的評価方式による評価額

会社規模＼評価方式	原 則 的 評 価 方 式		配当還元方式
	原　　則	選　　択	
大　会　社	類似業種比準価額	純資産価額	配当還元価額
中　会　社	類似業種比準価額と純資産価額との併用	――	
小　会　社	純資産価額	類似業種比準価額と純資産価額との併用	

2．大会社の株式の評価[*01]（評通179(1)）

【算式パターン】

(1)　類似業種比準価額

(2)　1株当たりの純資産価額

(3)　(1)と(2)のいずれか低い方の金額

3．中会社の株式の評価（評通179(2)）

【算式パターン】

類似業種比準価額[(注1)]×Lの割合[(注2)] ＋ 1株当たりの純資産価額[(注3)]×（1－Lの割合）

(注1)　大会社としての原則的評価方式により評価した金額

　　①　類似業種比準価額

　　②　1株当たりの純資産価額

　　③　①と②のいずれか低い方の金額

(注2)　中会社としての規模に応じ「0.90」「0.75」「0.60」を用います。

(注3)　株式取得者及び同族関係者の議決権割合が50％以下の場合[*02]

$$1株当たりの純資産価額×\frac{80}{100}（円未満切捨）$$

4．小会社の株式の評価（評通179(3)）

【算式パターン】

(1)　1株当たりの純資産価額[(注1)]

(2)　類似業種比準価額×0.50[(注2)]＋1株当たりの純資産価額[(注1)]×0.50[(注2)]

(3)　(1)と(2)のいずれか低い方の金額

(注1)　株式取得者及び同族関係者の議決権割合が50％以下の場合

$$1株当たりの純資産価額×\frac{80}{100}（円未満切捨）$$

(注2)　小会社の場合におけるLの割合は「0.50」を用います。

次の各問について、原則的評価方式による1株当たりの評価額を求めなさい。

なお、株式取得者及び同族関係者の議決権割合は45％である。

（問1）大会社

   ⑴　類似業種比準価額　　　　　　550円

   ⑵　1株当たりの純資産価額　　　980円

（問2）中会社

   ⑴　類似業種比準価額　　　　　　550円

   ⑵　1株当たりの純資産価額　　　980円

   ⑶　Lの割合　0.90

（問3）小会社

   ⑴　類似業種比準価額　　　　　　550円

   ⑵　1株当たりの純資産価額　　　980円

解 答　　　　　　　　　　　　　　　　　　　　　　　　　　　　　　　（単位：円）

（問1）

  $550 < 980$　∴　550

（問2）

  $^{※1}550 \times 0.90 + {}^{※2}784 \times (1 - 0.90) = 573$（円未満切捨）

  ※1　$550 < 980$　∴　550

  ※2　$980 \times \dfrac{80}{100} = 784$

（問3）

  ⑴　$980 \times \dfrac{80}{100} = 784$

  ⑵　$550 \times 0.50 + {}^{※}784 \times 0.50 = 667$

    ※　$980 \times \dfrac{80}{100} = 784$

  ⑶　⑴＞⑵　∴　667

1. 概 要[01]

　　大会社の原則的評価方式で用いる類似業種比準価額は、事業内容が類似する上場会社の株価に比準させて評価を行います。

　　そこで、上場株式の株価に比準させる比準要素は、株価構成要素のうち以下の３つが採用されています。

⑴　１株当たりの配当金額

⑵　１株当たりの利益金額

⑶　１株当たりの純資産価額（帳簿価額）

*01）その会社の株価を算定する場合に様々な要素が考えられますが、取引相場のない株式の評価上採用しているのは、客観的に計数化可能なもののうち、配当・利益・純資産の３要素のみとしています。

2. 類似業種比準価額の計算方法（評通180）

【算式パターン】

$$A \times \left[\frac{\dfrac{Ⓑ}{B}+\dfrac{Ⓒ}{C}+\dfrac{Ⓓ}{D}}{3} \right] \times 0.7 = \boxed{ 円 \quad 0銭}（10銭未満切捨）$$

$$\boxed{ 円 \quad 0銭} \times \frac{1株当たりの資本金等の額^{*02}}{50円} = \boxed{ 円}$$

*02）資本金等の額とは税務上の概念で、会計上の「資本金＋資本剰余金」にほぼ相当しますが、株主が出資した拠出資本ということです。

（注）１　A、B、C、D、Ⓑ、Ⓒ、Ⓓの金額

　　　　A：類似業種の株価

　　　　B：課税時期の属する年の類似業種の１株当たりの配当金額

　　　　C：課税時期の属する年の類似業種の１株当たりの利益金額

　　　　D：課税時期の属する年の類似業種の１株当たりの純資産価額（帳簿価額）

　　　　Ⓑ：評価会社の直前期末以前２年間の１株当たりの平均配当金額

　　　　Ⓒ：評価会社の直前期末以前１年間の１株当たりの利益金額

　　　　Ⓓ：評価会社の直前期末における１株当たりの純資産価額（帳簿価額）

　　なお、B、C、Dの金額は１株当たりの資本金等の額を50円とした場合の金額として計算されていますので、評価会社のⒷ、Ⓒ、Ⓓの金額についても１株当たりの資本金等の額が50円とした場合の金額に換算したものを用います。

　　そのため、評価会社の１株当たりの資本金等の額が50円以外である場合には、最後に「１株当たりの資本金等の額／50円」を乗じて、評価会社の１株当たりの資本金等の額に相当する金額に換算します。

（注）２　端数処理

　　①　Ⓑは10銭未満切捨、Ⓒ及びⒹは円未満切捨です。

　　②　$\dfrac{Ⓑ}{B}$、$\dfrac{Ⓒ}{C}$、$\dfrac{Ⓓ}{D}$、$\dfrac{\dfrac{Ⓑ}{B}+\dfrac{Ⓒ}{C}+\dfrac{Ⓓ}{D}}{3}$ の比準割合の計算は、すべて小数点以下２位未満切捨です。

（注）３　上記算式中の「0.7」は大会社の斟酌率であり、中会社の株式を評価する場合には「0.6」、小会社の株式を評価する場合には「0.5」とします。

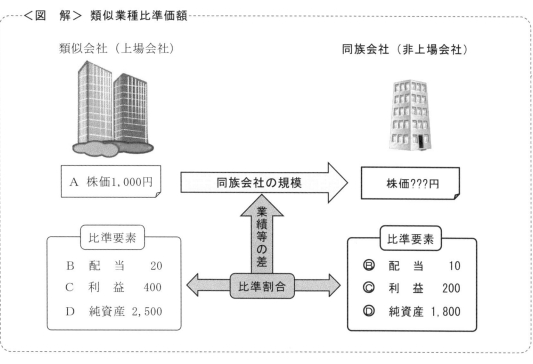

＜図　解＞ 類似業種比準価額

建設業（大分類）		番号	内容	B 配当金額	C 利益金額	D 簿価 純資産価額
総合工事業		2		8.1	47	394
	建築工事業(木造建築工事業を除く)	3	鉄骨鉄筋コンクリート造建築物，鉄筋コンクリート造建築物，無筋コンクリート造建築物及び鉄骨造建築物等の完成を請け負うもの	9.9	72	432
	その他の総合工事業	4	総合工事業のうち，3に該当するもの以外のもの	7.6	41	384

番号	A（株価）【上段：各月の株価、下段：課税時期の属する月以前2年間の平均株価】														
	令和4年平均	4年11月分	4年12月分	5年1月分	5年2月分	5年3月分	5年4月分	5年5月分	5年6月分	5年7月分	5年8月分	5年9月分	5年10月分	5年11月分	5年12月分
2	270	270	270	270 274	280 274	288 275	292 275	305 276	304 277	309 279	312 280	328 282	319 283	322 285	324 287
3	346	344	339	336 348	349 349	365 350	375 351	384 352	375 353	374 354	372 355	390 356	378 356	379 357	376 358
4	249	249	251	252 254	260 254	267 254	269 254	283 255	284 256	291 258	295 259	311 261	302 263	306 265	310 267

国税庁が公表している「業種目別株価等一覧表」によりA・B・C・Dの金額を確認します。なお、1級では、同表を用いて類似業種比準価額を計算する問題も出題されます。

次の資料により、Ｘ社株式の類似業種比準価額を求めなさい。

この株式は取引相場のない株式（大会社に該当）であり、評価に必要な資料は次のとおりである。

1　資本金等の額　50,000千円

2　発行済株式数　1,000,000株

3　類似業種の株価等

　⑴　株　価　　　　　　　　　　　　　　　　　　　585円

　⑵　類似業種の１株当たりの配当金額　　　　　　　2.5円

　⑶　類似業種の１株当たりの利益金額　　　　　　　　28円

　⑷　類似業種の１株当たりの純資産価額（帳簿価額）　185円

4　Ｘ社の直前期末の１株当たりの配当金額等（１株当たりの資本金等の額50円換算後の金額）

　⑴　配当金額　　　　4.2円

　⑵　利益金額　　　　　43円

　⑶　純資産価額　　　385円

解答

(単位：円)

⑴　１株当たりの資本金等の額

$$\frac{50,000,000}{1,000,000株}=50$$

⑵　類似業種比準価額

$$^A585\times\left(\frac{\frac{^B4.2}{^B2.5}+\frac{^C43}{^C28}+\frac{^D385}{^D185}}{3}\right)\times0.7=720.7（10銭未満切捨）$$

$$720.7\times\frac{50}{50}=720（円未満切捨）$$

解説

①　最初に１株当たりの資本金等の額を計算します。

②　算式のアルファベットに当てはまる金額を問題資料からピックアップします。

③　各要素別の割合及び比準割合の分数では、すべて小数点以下２位未満切捨です。

④　最後に評価会社の１株当たりの資本金等の額に相当する金額に換算します。

　　なお、本問では評価会社の１株当たりの資本金等の額が50円のため「50円／50円」を乗じた後、円未満端数を切り捨てます。

次の資料により、Y社株式の類似業種比準価額を求めなさい。

この株式は取引相場のない株式（中会社に該当）であり、評価に必要な資料は次のとおりである。

1　資本金等の額　100,000千円

2　発行済株式数　200,000株

3　類似業種の株価等

　(1)　株　価　　　　　　　　　　　　　　　　　　　　105円

　(2)　類似業種の1株当たりの配当金額　　　　　　　　8.5円

　(3)　類似業種の1株当たりの利益金額　　　　　　　　52円

　(4)　類似業種の1株当たりの純資産価額（帳簿価額）　488円

4　Y社の直前期末の1株当たりの配当金額等（1株当たりの資本金等の額50円換算後の金額）

　(1)　配当金額　　　　11.2円

　(2)　利益金額　　　　　69円

　(3)　純資産価額　　　675円

　(1)　1株当たりの資本金等の額

$$\frac{100,000,000}{200,000株}=500$$

　(2)　類似業種比準価額

$$^{A}105\times\left(\frac{\dfrac{^{®}11.2}{^{B}8.5}+\dfrac{^{©}69}{^{C}52}+\dfrac{^{®}675}{^{D}488}}{3}\right)\times0.6=83.7（10銭未満切捨）$$

$$83.7\times\frac{500}{50}=837$$

解　説

　本問では、評価会社の1株当たりの資本金等の額が500円のため、最後に「500円/50円」を乗じて、評価会社の1株当たりの資本金等の額に相当する金額に換算します。

5 1株当たりの純資産価額（相続税評価額）

1. 概　要

　　小会社の原則的評価額である純資産価額[*01]は、課税時期において会社が解散したとした場合における株価を求めて評価を行います。

　　具体的には、まず、課税時期において評価会社が所有する各資産を相続税評価額により評価した価額の合計額（資産総額）から課税時期における負債金額の合計額（負債総額）を差し引いて、純資産価額を算定します（①）。次に、その純資産価額から帳簿価額による純資産価額を差し引くことで評価差額（含み益）を求め、その含み益に37%を乗じた金額（法人税等相当額）を算定します（②）。

　　最後に①から②を控除して税引き後の純資産価額を計算し、課税時期における実際の発行済株式数で除して1株当たりの純資産価額（相続税評価額）を求めます。

2. 純資産価額の計算方法（評通185、186-2）

【算式パターン】[*02]

(1) 評価差額（含み益）に相当する金額

$$\left(\begin{array}{c} \text{相続税評価額} \\ \text{の資産総額} \end{array} - 負債総額 \right) - \left(\begin{array}{c} \text{帳簿価額} \\ \text{の資産総額} \end{array} - 負債総額 \right)$$

(2) 評価差額に対する法人税等相当額

(1)×37%

(3) 相続税評価額による税引き後の純資産価額

$$\left(\begin{array}{c} \text{相続税評価額} \\ \text{の資産総額} \end{array} - 負債総額 \right) - (2)$$

(4) 1株当たりの純資産価額

(3)÷課税時期における実際の発行済株式数

(5) 株式の取得者及び同族関係者の議決権割合が50%以下の場合

$(4) \times \dfrac{80}{100}$

＜図　解＞１株当たりの純資産価額（相続税評価額）

貸 借 対 照 表

負債総額

資産総額
（相続税評価額）

税引き後の
純資産価額 ÷ 課税時期の発行済株式数

含み益

解散した場合に
顕在化する利益

37%（法人税等）

設 問 1株当たりの純資産価額の計算

次の資料により、Ｚ社株式の１株当たりの純資産価額を求めなさい。

1　Ｚ社株式　発行済株式数　　1,000,000株（株式取得者及び同族関係者の議決権割合50%）

2　課税時期におけるＺ社の資産及び負債の状況は次のとおりである。

区　　　　分	資産の合計	負債の合計
相続税評価額	955,888,000円	155,000,000円
帳　簿　価　額	525,550,000円	155,000,000円

解 答 （単位：円）

(1)　評価差額に相当する金額

$(955,888,000 - 155,000,000) - (525,550,000 - 155,000,000) = 430,338,000$

(2)　評価差額に対する法人税等相当額

(1)×37%＝159,225,000（千円未満切捨）

(3)　相続税評価額による税引き後の純資産価額

$(955,888,000 - 155,000,000) - (2) = 641,663,000$

(4)　１株当たりの純資産価額

$\dfrac{641,663,000}{1,000,000株} = 641$（円未満切捨）

(5)　株式取得者及び同族関係者の議決権割合が50%以下の場合

$641 \times \dfrac{80}{100} = 512$（円未満切捨）

◆武富士事件（最高裁平成23年2月18日判決）〜その３〜◆

　この事件は、海外に居住している子への国外財産の贈与に対し、贈与税が課税できるか否かが争われた事件であり、経営破綻した消費者金融業の「武富士」元会長夫妻が保有していた海外子会社の株式を当時香港に居住していた長男に贈与したことがこの事件の発端となりました。

　第一審（東京地裁）では納税者側の勝訴、第二審（東京高裁）では国側が勝訴となっており、最高裁にて最終決着を待つこととなりました。

　最高裁の判決において、裁判長は「住所は、客観的に生活の本拠としての実体具備しているか否かによって決めるべきものである。」とし、さらに、贈与前後の期間の３分の２を国外で過ごし、国外の現地法人にて業務に従事していたことなど事実認定の上で「租税回避目的があったとしても客観的な生活の実態が消滅するものではない」として、第一審同様、長男について贈与時の住所は国外であることを認定しました。なお、以下のことが補足意見としてあります。

『納税は国民に義務を課すものであることからして、租税法律主義の下で課税要件は明確なものでなければならず、これを規定する条文は厳格な解釈が要求されるのである。明確な根拠が認められないのに、安易に拡張解釈、類推解釈、権利濫用法理の適用など特別の法解釈や特別の事実認定を行って、課税することは許されないというべきである。そして、厳格な法解釈が求められる以上、解釈論には自ずから限界があり、法解釈によっては、不当な結論が不可避であるならば、立法によって解決を図るのが筋であって、裁判所としては、立法の域にまで踏み込むことはできない。後年の新たな立法を遡及適用して不利な義務を課すことも許されない。

　結局、租税法律主義という憲法上の要請の下、法廷意見の結論は、一般的な法感情の観点からは少なからざる違和感も生じないではないけれども、やむを得ないところである。』

　この判決を受けて納税者側が逆転勝訴し、約2,000億円（還付加算金約400億円を含みます。）の還付がなされました。

　ついに、納税者勝訴で決着が付きましたが、最高裁においても租税回避目的であることは認知しつつも、租税法律主義の下では限界があるという判決に至ったわけです。なお、上記の補足意見には、「租税法律主義の下での課税要件明確主義」の精神が忠実に表れており、今回の事件における最高裁判決の価値は、この補足意見にあるとも言われています。

　この判決後においても、海外を利用した新手の租税回避スキームを封じ込むため、さらなる国際課税の強化が進められてきました。その結果が現行の納税義務者の区分及び課税財産の範囲ということです。

参考資料

自筆証書遺言書保管制度の利用をお考えの方へ

はじめに，こちらをご覧ください！

遺言とは？

自分が死亡したときに相続人等に対して，財産をどのように分配するか等について自己の最終意思を明らかにするものです。

これにより相続をめぐる争いを事前に防止することができます。

遺言の方式は主に， 公正証書遺言 と 自筆証書遺言 があります。

どちらの方式の遺言にするか，
それぞれの特徴を踏まえて ご判断ください。

遺言書ほかんガルー

公正証書遺言

✂ 信頼性の高い方式 ✂

✄法律専門家である公証人が2人以上の証人の立会いのもと厳格な方式に従い作成します。

✄遺言の内容について公証人の助言を受けることができます。

✄作成には財産の価額に応じた手数料が必要です。

✄公証人がその原本を厳重に保管します。

✄家庭裁判所での検認手続が不要です。

**公正証書遺言に関する相談は，
お近くの公証役場へお問合せください。**

自筆証書遺言

✂ 手軽かつ自由度の高い方式 ✂

✄15歳以上で，ご自身で書くことができれば，いつでも自らの意思により作成できます。

✄法令上の要件を満たしていなかったり，内容に誤りがあると無効になります。

✄ご自身で作成するため手数料はかかりません。

✄遺言者が自分でその原本を管理する
必要があります。

✄遺言者本人の死亡後，家庭裁判所での
検認手続が必要です。

この2点が

新しい制度を利用すると変わります！
※これまでどおり，ご自宅等で遺言書を保管することもできます。

自筆証書遺言書保管制度を利用すると...

✄法務局に自筆証書遺言書の保管を申請することができます。※手数料が必要です。

✄法務局で保管された自筆証書遺言書は，家庭裁判所での検認手続が不要です。

⚠ 法務局では，
遺言の内容についてのご質問・ご相談は，お受けできません。

東京法務局 詳しい内容は，次ページへ ≫≫

令和2年7月10日（金）全国の法務局（本局・支局等）で制度開始！

自筆証書遺言書保管制度

制度の概要

　自筆証書遺言書を作成した本人が法務局（本局・支局等）に遺言書の保管を申請することができる制度です。保管制度を利用すると遺言者だけでなく相続人や受遺者等にもメリットがあります。

生前

遺言者

遺言書

予約・申請

遺言者本人が遺言書を作成し，管轄の法務局（遺言書保管所）に申請の予約をした上で，直接本人が出向きます。

※本人以外は申請できません。

法務局（遺言書保管所）

①本人確認
②遺言書の方式の適合性（署名，押印，日付の有無等）を外形的に確認等

法務局の事務官（遺言書保管官）

原本保管　　画像データ化

死亡後

相続人等

① 請求（交付・閲覧）

② 交付　　相続人等

遺言書情報証明書

検認不要

② 閲覧

③ 通知　　他の相続人等

通知

遺言者のメリット

①紛失・亡失を防ぐことができます。
　⇒自宅で保管すると紛失・亡失するおそれがあります。
　⇒遺言者の死亡後，発見されないおそれがあります。
②他人に遺言書を見られることがありません。
　⇒他人に見つかった場合，勝手に開封されてしまうおそれがあります。
　⇒他人に破棄されたり，改ざんや隠匿されるおそれがあります。
③相続人や受遺者等の手続が楽になります。
　⇒"終活"のひとつとして…

相続人・受遺者等のメリット　　※受遺者…遺言によって遺言者の財産を譲り受ける者

遺言者の死亡後，家庭裁判所での検認手続は不要のため，速やかに相続手続ができます。
相続人や受遺者等は，遺言者の死亡後，全国の遺言書保管所で❶〜❸の手続ができます。
❶「遺言書保管事実証明書」の交付請求
　…遺言書が保管されているかどうかを調べること
❷「遺言書情報証明書」の交付請求
　…遺言書の内容の証明書の交付を請求すること
❸遺言書の閲覧請求
　…遺言書保管所において遺言書の内容を見て確認すること
　㊟ 遺言書原本の閲覧については，遺言書が保管されている遺言書保管所に限られます。

　✍ ❷の証明書の交付を受け，又は❸の閲覧をした場合には，その他の相続人等に対して法務局から遺言書が保管されている旨の通知がされます。

市区町村名：立川市　　　　　　　　　　　　　　　　　　立川税務署

音順	町（丁目）又は大字名	適　用　地　域　名	借地権割合	固定資産税評価額に乗ずる倍率等						
				宅地	田	畑	山林	原野	牧場	池沼
			％	倍	倍	倍	倍	倍	倍	倍
い	泉町	市街化調整区域	60	7.0		中 120				
		市街化区域	—	路線	比準	比準	比準	比準		
し	柴崎町６丁目	市街化調整区域	50	1.2						
		市街化区域	—	路線	比準	比準	比準	比準		
に	錦町５丁目	市街化調整区域	50	1.2						
		市街化区域	—	路線	比準	比準	比準	比準		
	西砂町３〜５丁目	市街化調整区域	50	1.2		中 73				
		市街化区域	—	路線	比準	比準	比準	比準		
ふ	富士見町２丁目	市街化調整区域				中 144				
		市街化区域	—	路線	比準	比準	比準	比準		
	上記以外の地域	全域	—	路線	比準	比準	比準	比準		

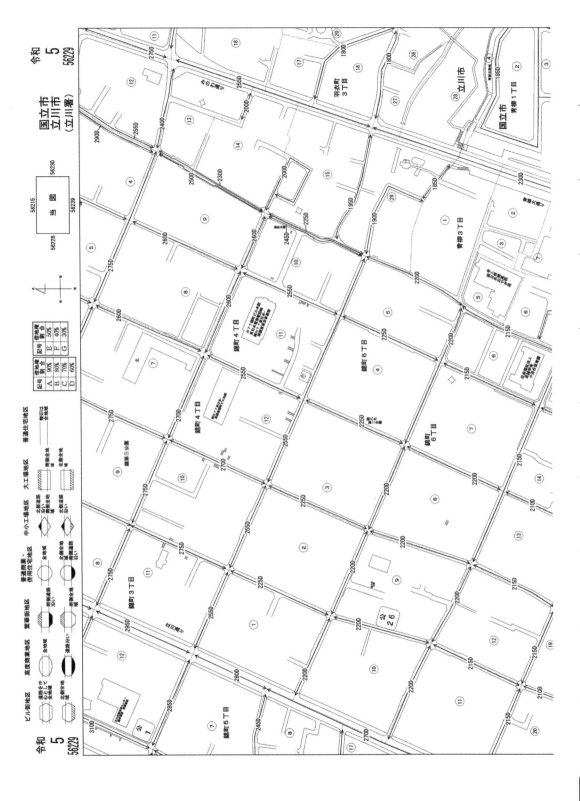

付表1　奥行価格補正率表

奥行距離(メートル)	ビル街地区	高度商業地区	繁華街地区	普通商業・併用住宅地区	普通住宅地区	中小工場地区	大工場地区
4未満	0.80	0.90	0.90	0.90	0.90	0.85	0.85
4以上　6未満		0.92	0.92	0.92	0.92	0.90	0.90
6 〃　8 〃	0.84	0.94	0.95	0.95	0.95	0.93	0.93
8 〃　10 〃	0.88	0.96	0.97	0.97	0.97	0.95	0.95
10 〃　12 〃	0.90	0.98	0.99	0.99	1.00	0.96	0.96
12 〃　14 〃	0.91	0.99	1.00	1.00		0.97	0.97
14 〃　16 〃	0.92	1.00				0.98	0.98
16 〃　20 〃	0.93					0.99	0.99
20 〃　24 〃	0.94					1.00	1.00
24 〃　28 〃	0.95				0.97		
28 〃　32 〃	0.96		0.98		0.95		
32 〃　36 〃	0.97		0.96	0.97	0.93		
36 〃　40 〃	0.98		0.94	0.95	0.92		
40 〃　44 〃	0.99		0.92	0.93	0.91		
44 〃　48 〃	1.00		0.90	0.91	0.90		
48 〃　52 〃		0.99	0.88	0.89	0.89		
52 〃　56 〃		0.98	0.87	0.88	0.88		
56 〃　60 〃		0.97	0.86	0.87	0.87		
60 〃　64 〃		0.96	0.85	0.86	0.86	0.99	
64 〃　68 〃		0.95	0.84	0.85	0.85	0.98	
68 〃　72 〃		0.94	0.83	0.84	0.84	0.97	
72 〃　76 〃		0.93	0.82	0.83	0.83	0.96	
76 〃　80 〃		0.92	0.81	0.82			
80 〃　84 〃		0.90	0.80	0.81	0.82	0.93	
84 〃　88 〃		0.88		0.80			
88 〃　92 〃		0.86			0.81	0.90	
92 〃　96 〃	0.99	0.84					
96 〃　100 〃	0.97	0.82					
100 〃	0.95	0.80			0.80		

付表2　側方路線影響加算率表

地　区　区　分	加　　算　　率	
	角　地　の　場　合	準　角　地　の　場　合
ビ　ル　街　地　区	0.07	0.03
高度商業地区、繁華街地区	0.10	0.05
普通商業・併用住宅地区	0.08	0.04
普通住宅地区、中小工場地区	0.03	0.02
大　工　場　地　区	0.02	0.01

付表3　二方路線影響加算率表

地　区　区　分	加　算　率
ビ　ル　街　地　区	0.03
高度商業地区、繁華街地区	0.07
普通商業・併用住宅地区	0.05
普通住宅地区、中小工場地区 大　工　場　地　区	0.02

◆　相続税の速算表（平成27年1月1日以降適用）

各法定相続人の取得金額	税率	控除額	各法定相続人の取得金額	税率	控除額
10,000 千円以下	10%	—	200,000 千円以下	40%	17,000 千円
30,000 千円以下	15	500 千円	300,000 千円以下	45	27,000 千円
50,000 千円以下	20	2,000 千円	600,000 千円以下	50	42,000 千円
100,000 千円以下	30	7,000 千円	600,000 千円超	55	72,000 千円

◆　贈与税の速算表（一般税率）（平成27年1月1日以降適用）

基礎控除後の課税価格	税率	控除額	基礎控除後の課税価格	税率	控除額
2,000 千円以下	10%	—	10,000 千円以下	40%	1,250 千円
3,000 千円以下	15	100 千円	15,000 千円以下	45	1,750 千円
4,000 千円以下	20	250 千円	30,000 千円以下	50	2,500 千円
6,000 千円以下	30	650 千円	30,000 千円超	55	4,000 千円

◆　贈与税の速算表（特例税率）（平成27年1月1日以降適用）

基礎控除後の課税価格	税率	控除額	基礎控除後の課税価格	税率	控除額
2,000 千円以下	10%	—	15,000 千円以下	40%	1,900 千円
4,000 千円以下	15	100 千円	30,000 千円以下	45	2,650 千円
6,000 千円以下	20	300 千円	45,000 千円以下	50	4,150 千円
10,000 千円以下	30	900 千円	45,000 千円超	55	6,400 千円

索　　引

· · · · · · Memorandum Sheet · · · · · ·

本書の発行後に公表された法令等及び試験制度の改正情報、並びに判明した誤りに関する訂正情報については、弊社WEBサイト内の『読者の方へ』にてご案内しておりますので、ご確認下さい。

https://www.net-school.co.jp/

なお、万が一、誤りではないかと思われる箇所のうち、弊社WEBサイトにて掲載がないものにつきましては、**書名（ISBNコード）と誤りと思われる内容**のほか、お客様の**お名前**及び**郵送の場合はご返送先の郵便番号とご住所**を明記の上、弊社まで**郵送またはe‐mail**にてお問い合わせ下さい。

＜郵送先＞ 〒101‐0054
東京都千代田区神田錦町3‐23メットライフ神田錦町ビル3階
ネットスクール株式会社　正誤問い合わせ係

＜e‐mail＞ seisaku@net-school.co.jp

※正誤に関するもの以外のご質問、本書に関係のないご質問にはお答えできません。
※**お電話によるお問い合わせはお受けできません。**ご了承下さい。

全経　相続税法能力検定試験　公式テキスト3級／2級【第3版】

2020年4月1日　初　版　第1刷
2024年5月21日　第3版　第1刷

著　　　　　者	ネットスクール株式会社	
発　行　者	桑原知之	
発　行　所	ネットスクール株式会社　出版本部	
	〒101‐0054　東京都千代田区神田錦町3‐23	
	電　話　03（6823）6458（営業）	
	ＦＡＸ　03（3294）9595	
	https://www.net-school.co.jp	
執筆総指揮	山本和史	
イ　ラ　ス　ト	桑原ふさみ	
表紙デザイン	株式会社オセロ	
編　　　　　集	吉川史織　加藤由季	
ＤＴＰ制作	中嶋典子　石川祐子　吉永絢子	
印刷・製本	日経印刷株式会社	

ⓒNet-School　2024　　Printed in Japan　　ISBN　978-4-7810-0370-2